영적 전쟁

영적 전쟁

지은이 | 이재훈
초판 발행 | 2019. 3. 6

등록번호 | 제1988-000080호
등록된 곳 | 서울특별시 용산구 서빙고로 65길 38
발행처 | 사단법인 두란노서원
영업부 | 2078-3352   FAX | 080-749-3705
출판부 | 2078-3331

책 값은 뒤표지에 있습니다.
ISBN 978-89-531-3428-7 03230

독자의 의견을 기다립니다.
tpress@duranno.com   www.duranno.com

*본문에 사용된 성경은 특별한 표기가 없는 한 우리말성경임을 밝힙니다.

두란노서원은 바울 사도가 3차 전도여행 때 에베소에서 성령 받은 제자들을 따로 세워 하나님의 말씀으로 양육하던 장소입니다. 사도행전 19장 8-20절의 정신에 따라 첫째 목회자를 돕는 사역과 평신도를 훈련시키는 사역, 둘째 세계선교(TIM)와 문서선교 (단행본·잡지) 사역, 셋째 예수문화 및 경배와 찬양 사역, 그리고 가정·상담 사역 등을 감당하고 있습니다. 1980년 12월 22일에 창립된 두란노서원은 주님 오실 때까지 이 사역들을 계속할 것입니다.

영적 전쟁

이재훈 지음

The overcomer

3부

성령님과
함께하는 기도

삶이 곧 영적 전쟁임을 깨닫는 것은 축복입니다. 생존을 위한 전쟁에 가려진 진실을 대면할 수 있게 되었기 때문이며, 왜 인간이 예수님을 믿어야 하는지를 체험으로 확신할 수 있기 때문입니다. Live (살다)라는 영어 단어는 Evil(악)이라는 단어를 거꾸로 놓은 것과 같습니다. 삶이란 악을 거스르고 대항해서 승리해야 진짜 사는 것입니다. 안타까운 소식은 우리가 태어나면서부터 악의 편에서 시작한다는 것입니다. 아무리 행복한 환경에서 태어난다 할지라도 그 속에는 악에 의해 다스려지는 무서운 흐름이 있습니다.

성경은 우리를 악의 편에서부터 구출하고 악과 싸워 이기도록 도와주는 일이 역사 속에 이루어지고 있음을 알려 줍니다. 우리가 싸우는 싸움은 이 거대한 싸움의 작은 일부분으로서 이루어지는 것이며, 동시에 그 거대한 싸움의 원리가 우리 개개인의 싸움에서도 정확하게 동일한 원리로 진행됩니다. 그래서 우리는 성경에서 말씀하시는 영적 전쟁의 원리를 분명하게 알고 적용해야 합니다.

트렘퍼 롱맨 3세(Tremper Longman III)와 다니엘 레이드(Daniel G. Reid)는 《거룩한 용사》(솔로몬 역간)라는 책에서 성경 전체가 하나님이 싸우시는 전사로서의 일하심을 증거하고 있다고 역설합니다. 그들은 하나님의 전사적인 속성을 다섯 단계로 구분합니다.

첫째는, 하나님이 이스라엘을 위해 싸우시는 단계입니다. 하나님이 택하신 이스라엘이 자유인이 되도록 싸우시는 것은 우상으로 가득한 세상에서 하나님만이 진정한 신임을 드러내시기 위한 것이었습니다. 그래서 하나님은 애굽과 가나안 백성을 향한 전쟁을 시작하셨고, 자기 백성을 위해 원수를 무너뜨리며 함께하신 것입니다.

둘째는, 하나님이 이스라엘과 싸우시는 단계입니다. 이스라엘을 위해 싸우셨던 하나님이 이제 이스라엘과 싸우시는 이유는, 하나님이 택하신 백성이 우상을 숭배하는 악을 행하는 일을 하나님은 용납하실 수 없기 때문입니다.

셋째는, 하나님의 백성이 기다림과 침묵의 시기를 지내며 그들의 구원자, 곧 거룩한 용사를 고대하는 단계입니다. 그들은 유배지에서 포로 생활을 하는 동안 언젠가 자신들을 회복시켜 주실 메시아를 간절히 기대했습니다. 많은 예언자들이 장차 오셔서 거대한 전투에서 적과 싸워 승리하실 '거룩한 전사'이신 메시아를 바라보게 하는 것도 그러한 이유 때문입니다.

넷째는, '거룩한 용사'이신 하나님이 직접 세상에 오신 단계입니다. 즉, 예수님이 오셔서 힘과 무력이 아닌 십자가로 악을 승리하신 단계입니다. 우리가 누리는 구원은 우주적인 악을 이기고 십자가의 승리로 주어진 선물입니다. 우리는 '거룩한 용사'로 승리하신 하나님의 승리의 전리품들을 누려야 합니다.

다섯째는, '거룩한 용사'이신 예수님이 적과 최후의 전쟁을 위해 다시 재림하시는 단계입니다. 요한계시록에는 원수에게 공개적인 수치를 주고 하나님에게 영광을 돌리는 최후의 전쟁이 기록되어 있습니다. 거룩한 용사의 대열에 함께 참여하지 않는 자들은 그분의 공의로운 진노의 대상이 될 것입니다.

사랑으로 충만하시며, 은혜로우시며 자비로우신 하나님은 또한 거룩한 용사로서 그분의 거룩한 이름을 위해, 자기 백성을 위해 싸우는 분이십니다. 그분의 백성은 그분과 함께 싸워야 합니다. 어느 시대, 어떤 문화 속에 살든지 우리는 거룩한 용사를 사령관으로 한 군사의 일부로 싸우며 살아가는 것입니다.

이 싸움은 선하신 하나님이 축복하시는 선한 싸움이며, 사령관의 명령에 온전히 순종하기만 하면 승리가 보장된 싸움입니다. 에베소서 6장 10-20절은 우리의 사령관이 알려 주신 전쟁의 법칙입니다. 이 말씀에는 우리가 싸워야 하는 전쟁의 본질과 원리 그리고 승리를 위해 필요한 필수 원칙들이 담겨 있습니다.

말씀의 단어 하나마다, 구절마다 영적 전쟁의 필수 법칙이 있기에 이 말씀은 세부적으로 묵상하며 살펴보아야 합니다. 이 말씀을 15회에 걸쳐 주일 설교로 강해하면서 이 시대 한국 교회 목회자들과 성도들이 영적 군사들로 더 강해져야 함을 절실히 깨닫게 되었습니다. 이 책의 많은 부분은 마틴 로이드 존스(Martyn Lloyd Jones)의 《에베소서 강해》(CLC 역간)와 제시 펜 루이스(Jessie Penn-Lewis)의 《영적 전쟁》(War On The Saints)에 대한 책들로부터 많은 도움을 받았습니다. 두 분 외에도 영적 전쟁의 실상을 알리는 여러 분들의 영감과 지혜를 통해 큰 도움을 받았습니다. 오래전 시대의 성도들도 오늘 우리가 싸우는 동일한 싸움을 싸웠습니다. 그들의 경험과 지혜를 오늘 이 시대에 적용하는 것은 큰 축복입니다.

이 책을 읽고 기도하는 모든 성도들에게 영적 전쟁에서 승리를 경험하는 은혜가 넘치기를 기도합니다.

2019년 3월

이재훈

10마지막으로 여러분은 주 안에서 그리고 주의 힘의 능력으로 강건해 지십시오. 11마귀의 계략에 대적해 설 수 있도록 하나님의 전신갑주를 입으십시오. 12우리의 싸움은 혈과 육에 대한 것이 아니라 권력들과 권세들과 이 어둠의 세상 주관자들과 하늘에 있는 악한 영들에 대한 것이기 때문입니다. 13그러므로 하나님의 전신갑주를 입으십시오. 이는 여러분이 악한 날에 능히 대적하고 모든 것을 행한 후에 굳건히 서기 위한 것입니다. 14그러므로 여러분은 굳건히 서서 진리로 허리띠를 띠고 의의 가슴받이를 붙이고 15예비한 평화의 복음의 신을 신고 16모든 일에 믿음의 방패를 가지고 이것으로 악한 자의 모든 불화살을 소멸시키며 17구원의 투구와 성령의 검, 곧 하나님의 말씀으로 무장하십시오. 18모든 기도와 간구로 항상 성령 안에서 기도하고 이를 위해 늘 깨어서 모든 일에 인내하며 성도를 위해 간구하십시오. 19또 나를 위해 기도하기를 내게 말씀을 주셔서 입을 열어 복음의 비밀을 담대하게 알릴 수 있게 해 달라고 기도해 주십시오. 20내가 이것을 위해 사슬에 매인 사신이 됐습니다. 그러므로 내가 복음 안에서 마땅히 해야 할 말을 담대하게 말할 수 있도록 기도해 주십시오.

_ 엡 6:10-20

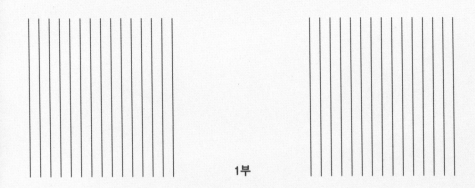

THE OVERCOMER

1부

하나님 나라의
영적 군사

믿음의 삶에서 당하는 큰 위기는
영적 전쟁이 있기 때문이 아니라
이를 무시하고 피하려 했기 때문입니다.
믿음이 견고해질수록 이 싸움은 더 맹렬한 전쟁이 됩니다.

1

피할 수 없는
선한 싸움

우리는 그리스도 안에서
승리의 약속을 받고 싸우는 영적 군사입니다.

구약에는 많은 전쟁 이야기가 기록되어 있는데, 그 이유는 무엇일까요? 고대에는 현대보다 전쟁이 더 많았기 때문일까요? 그렇지 않습니다. 고대나 현대나 전쟁은 여전히 끊이지 않고 있습니다. 역사학자 윌 듀런트(Will Durant)는 과거 3천 년 동안 전쟁이 없었던 기간이 겨우 268년밖에 안 된다고 했습니다. 그는 20세기에만 2억 명가량이 전쟁으로 목숨을 잃었다고 했습니다. 이러한 전쟁은 혈과 육에 대해 벌어지는 이른바 '생존 전쟁'입니다.

전쟁 이야기는 구약으로 끝나지 않습니다. 예수님은 "내가 이 땅에 평화를 주러 왔다고 생각하지 말라. 나는 평화가 아니라 칼을 주러 왔다"(마 10:34)고 말씀하셨습니다. 바울은 에베소서 2장 14절에서 예수님이 우리의 평화라고 이야기했는데 예수님 스스로는 평화가 아니라 칼을 주러 왔다고 말씀하셨습니다. 예수님은 왜 평화가 아니라 칼을 주러 왔다고 말씀하셨을까요? 서로 상반되는 듯한 이 말씀을 어떻게 이해해야 할까요?

예수님은 우리의 평화가 되시기 위해 세상을 주관하는 악의 영과 싸울 수 있도록 칼을 주러 오신 것입니다. 예수님은 역사에서 벌어지는 '생존 전쟁' 너머에 있는 또 하나의 전쟁, 곧 보이지 않는 더 근원적인 전쟁이 있음을 말씀하시는 것입니다. 표면적인 전쟁들은 사실 이 전쟁 때문에 일어나는 것입니다. 이는 바로 '영적 전쟁'입니다.

영적 전쟁의 본질

하나님의 아들이 나타나신 것은 마귀의 일을 멸하시기 위한 것입니다

(요일 3:8).

예수님이 이 땅에 오신 목적은 마귀의 일을 멸하고 우리도 그 마귀와 싸울 수 있도록 우리에게 영적인 칼을 주시기 위함입니다. 예

수님은 그 싸움의 과정에서 고난 받으시고 최후의 싸움인 십자가에서 죽으셨습니다. 예수님은 패배하신 것처럼 보였지만 부활하심으로 승리하셨습니다. 예수님이 십자가의 전투에서 승리하심으로 우리의 평화가 되신 것입니다. 적에게 항복해서 포로가 된 상태를 평화라고 하지 않습니다. 적과 맞서 싸워 승리한 자가 누리는 것이 진정한 평화인 것입니다.

창세기부터 요한계시록까지 성경은 '영적 전쟁'의 역사를 보여줍니다. 이 '영적 전쟁'의 본질은 하나님과 하나님을 대적하는 악한 영들과의 전쟁입니다. 하나님과 사탄의 전쟁이며, 빛과 어둠의 전쟁입니다. 하나님의 피조물인 천사 중 타락한 무리가 하나님을 배반하고 대적해서 일어나는 전쟁인 것입니다.

하나님과 사탄의 전쟁이라고 해서 하나님과 사탄이 대등한 세력으로 서로 싸우는 것으로 오해해서는 안 됩니다. 세상의 선과 악은 처음부터 대등하게 존재해 온 것이 아닙니다. 세상의 악은 선에 대한 배반으로 출현한 것입니다. 성 어거스틴의 말로 표현하면, '악은 선에 기생'합니다. 선에 대한 배반과 반역으로 악이 출현했기 때문입니다.

이렇게 하나님을 대적하는 영적 세력이기에 '영적 전쟁'은 하나님이 창조하고 축복하시는 하나님의 자녀들, 그분의 백성에 대한 악한 영들의 공격으로 일어나는 전쟁이기도 합니다. 하나님의 자녀들은 예수님이 주시는 칼을 가지고 악한 영들과 싸워야 합니다. 악한 영들은 하나님의 자녀들을 끊임없이 공격합니다. 예수님까지 공격한 사탄이 하나님의 자녀들을 왜 공격하지 않겠습니까.

하나님에게 속한 전쟁

구약의 여호사밧 왕이 모압과 암몬의 큰 공격에 대항해 싸워야 할 위기에 처했습니다. 맞설 힘이 없어 금식하며 하나님을 바라보고 있을 때 하나님은 하나님의 영이 임한 야하시엘을 통해 이렇게 말씀하셨습니다.

> 이 큰 무리로 말미암아 두려워하거나 놀라지 말라 이 전쟁은 너희에게 속한 것이 아니요 하나님께 속한 것이니라(대하 20:15, 개역개정 성경).

'영적 전쟁'이란 하나님에게 속한 전쟁입니다. '이 전쟁은 너희에게 속한 것이 아니라'는 말씀은 여호사밧 왕과 그 백성이 할 일은 아무것도 없다는 것이 아닙니다. 그들이 하나님의 백성이기 때문에 일어난 전쟁이므로 하나님에게 속한 전쟁임을 기억하고 하나님의 방법으로 싸워야 한다는 것입니다.

하나님에게 속한 전쟁이라는 말씀은 개인적으로 사사로이 싸우는 전쟁이 아니라, 거대한 하나님의 군대 일원으로 싸운다는 뜻입니다. 모든 군사는 거대한 전쟁 속에 포함되어 있는 한 단위일 뿐입니다. 전쟁터에서 피 흘리며 싸우는 군사는 개인적인 감정과 다툼과 문제 때문에 그곳에 있는 것이 아닙니다. 군사 개개인은 전쟁을 일으키지도, 작전을 세우지도 못하고, 마음대로 후퇴할 수도 없습니다. 오직 사령관의 목적과 작전과 명령대로 싸울 뿐입니다. 우리는 우리 개개인의 문제 이전에 하나님의 문제, 하나님 나라의 문제로 이 전쟁에 참여하는 것입니다. 나만의 전쟁이 아니라 하나님의 백성 모두의 전쟁이라는 것을 기억해야 합니다.

또한 하나님에게 속한 전쟁이라는 것은 하나님이 지휘하며 함께 하시는 전쟁이라는 것입니다. 이 전쟁은 하나님의 명예가 걸려 있기에 결코 패배할 수 없습니다. 따라서 전쟁이 아무리 치열하고 힘들어도 하나님의 역사하심을 바라보며 두려워해서는 안 됩니다. 그래서 이 전쟁이 우리에게는 '믿음의 싸움'이라고 불리는 전쟁이 됩니다.

하나님에게 속한 전쟁은 '믿음의 선한 싸움'입니다. 사도 바울은 디모데전서 6장 12절에서 "믿음의 선한 싸움을 싸워라"라고 말씀합니다. 또한 디모데후서 2장 3절에서는 "그리스도 예수의 선한 군인"이 되어야 함을, 디모데후서 4장 7절에서는 자신의 삶을 고백하며 "나는 선한 싸움을 싸우고 경주를 마치고 믿음을 지켰다"라고 말씀합니다.

하나님에게 속한 전쟁이라는 것은 때로 우리가 깨닫지 못할 때에도 하나님이 능력으로 보호하신다는 것입니다. 우리가 모르는 사이에도 하나님은 능력을 행사하고 계십니다. 우리는 때로 겁에 질려 있거나 두려움 속에 떨고 있을 수 있습니다. 하나님이 어떤 일을 준비하고 계신지를 전혀 깨닫지 못하고 있을 수도 있습니다. 그러나 그러한 때에도 하나님은 능력으로 보호하고 계십니다.

분명한 것은, 만일 하나님이 능력을 행사하고 계시지 않았다면 우리는 모두 잃어버린 자가 되었을 것입니다. 어떤 사람들은 하나님이 살아 계시다면 왜 세상이 이렇게 어지럽냐고 따집니다. 하지만 정반대입니다. 하나님이 능력으로 보호하고 계시기에 그나마 세상이 살 만한 것입니다.

여호와의 천사가 주를 경외하는 사람들을 둘러서 진 치고 구원하십니다 (시 34:7).

하나님의 천사들이 주를 경외하는 사람들 주위에 진 치고 그들을 보호하고 있습니다. 우리가 하나님을 경외하고 순종하며 살아가려 할 때 내 힘과 능력만으로 살도록 버려두지 않으신다는 것입니다. 하나님의 천사가 우리를 돕는다는 것입니다. 예수님이 겟세마네 동산에서 기도하실 때 하나님의 천사들이 예수님을 도왔습니다.

하나님의 아들이신 예수님을 도왔던 천사들이 우리가 깨닫지 못하는 순간에도 우리를 보호한다는 것입니다. 하나님의 백성에 대한 그분의 돌보심은 우리가 깨닫는 것보다 훨씬 더 크고 놀랍습니다. 우리가 잠들어 있을 때도 천사들이 보호합니다. 천사들이 보호하는 이유는 우리가 하나님의 백성이기 때문에, 우리에게 일어나는 일들에 하나님의 명예가 걸려 있기 때문입니다.

그런데 기억해야 할 것은, 하나님의 천사를 통한 보호하심은 오직 주를 경외하는 자들에게만 주어진다는 것입니다. 만일 우리가 스스로 악을 선택하고 하나님을 경외하지 않는 발걸음으로 나아간다면 더 이상 천사의 보호를 받지 못할 수도 있다는 것입니다. 따라서 이 영적 전쟁은 '하나님에게 속한 전쟁'인 동시에 '우리가 싸워야 할 전쟁'입니다.

우리가 싸워야 할 전쟁

우리의 싸움은 혈과 육에 대한 것이 아니라 권력들과 권세들과 이 어둠의 세상 주관자들과 하늘에 있는 악한 영들에 대한 것이기 때문입니다 (엡 6:12).

이것은 '우리의 싸움'입니다. 모든 것을 주님에게 맡기기만 하면 주님이 알아서 대신 싸워 주신다고 오해해서는 안 됩니다. 물론 주님이 알아서 보호해 주시는 영역이 있습니다. 우리가 알지 못하고 때로 깨닫지 못할 때 우리를 지켜 주시는 보호하심이 있지만, 우리의 믿음의 삶은 내가 싸워야 하는 영역입니다.

우리가 가지는 영적인 책임을 주님에게 떠넘겨서는 안 됩니다. 이러한 태도는 자칫 우리가 범한 죄를 주님이 싸움에 지셔서 악한 영에 의해 어쩔 수 없이 행한 것으로 덮어 버릴 위험성이 있습니다. 우리가 죄를 범한 것은 악한 영에 의해 어쩔 수 없이 그렇게 된 것이 아닙니다. 내가 싸워야 할 싸움을 싸우지 않았기 때문입니다. 내가 주 안에서 강건해지지 않았고, 내가 하나님의 전신갑주를 입지 않은 채 싸웠고, 내가 성령 안에서 늘 깨어 서로를 위해 기도하지 않았기에 영적 전쟁에서 진 것입니다. 주님이 싸움에서 지신 것이 아니라, 내가 주 안에 거하지 않았기에, 내가 주 안에서 그 힘과 능력을 힘입지 못했기에, 내가 진 것입니다.

하나님에게 속한 전쟁이라는 것은 나의 인격적 책임이 면제된 전쟁이라는 뜻이 아닙니다. 만일 내가 싸우는 것이 아니라면 왜 주 안에서와 주의 힘의 능력으로 강건해지라고 하셨을까요? 왜 하나님의 전신갑주를 입으라고 하셨을까요? 왜 성령 안에서 기도하며 서로를 위해 간구하라고 하셨을까요?

'믿음의 싸움'은 내가 싸워야 하는 싸움을 면제해 주는 것이 아닙니다. 내가 주 안에 거하지 않으면 저절로 보호되지 않습니다. 내가 하나님의 전신갑주를 입지 않으면 전투에서 질 수밖에 없습니다. '주님이 알아서 다 싸워 주시겠지'라는 깨어 있지 못한 태도는 우리를 도우시는 주님의 능력을 체험하지 못하게 합니다.

바울은 갈라디아서에서 "내가 육체 안에 사는 것은 나를 사랑하셔서 나를 위해 자신의 몸을 내주신 하나님의 아들을 믿는 믿음으로 사는 것입니다"(갈 2:20)라고 고백했습니다. 이 말씀을 영적 전쟁에 적용하면, 내 안에 그리스도가 온전히 사신다면 그것은 주의 힘의 능력으로 강건한 상태일 것입니다. 주 안에서 그 힘의 능력의 도우심을 날마다 공급받고 있기 때문입니다. 또한 육체 가운데 사는 내가 내 안에 그리스도가 사실 수 있도록 내어 드려야 합니다. 그것은 나의 활동입니다. 내가 육체 가운데 사는 것과 내 안에 그리스도가 온전히 사시도록 내어 드리는 일이 결합되는 것입니다.

영적 전쟁은 주님의 임재의 능력과 우리 믿음의 순종의 완전한 결합이 이루어질 때 승리합니다. 주님의 임재는 우리가 아무것도 하지 않도록 우리 손에서 문제를 가져가시는 것이 아닙니다. 우리가 싸워야 할 싸움을 대신 싸워 주시는 것도 아닙니다. 우리를 강건하게 세우고 무장하도록 도우셔서 우리가 싸워 이기게 하시는 것입니다.

영적 전쟁에 있어 분명히 기억해야 할 것은 이것입니다. 우리는 하나님이 주도하시고 예수님이 싸우시며 성령님이 능력으로 지원하시는 전쟁에 참가하는 군사라는 것입니다. 소수의 몇 사람만 대표로 싸우는 것이 아니라, 모든 성도가 자신의 삶 속에서 싸워야 하는 영적 군사로 부르심을 받았습니다. 어떤 사람은 이런 마음이 들수도 있습니다. '저는 전쟁이 싫습니다. 전쟁은 체질상 저와 맞지 않아요. 저는 그냥 조용히 살고 싶어요. 그런 전쟁은 목회자들이나 교회의 오래된 리더십들만 참여하는 것이 아닌가요? 저는 믿은 지 얼마 되지 않았으니 제발 전투에서 빼 주십시오.'

그러나 진실을 말할 수밖에 없습니다. 모든 성도는 그리스도인으로 다시 태어남과 동시에 영적 전쟁에 참여하기 시작한 것입니다. 이 세상에서 육신을 입고 살아가는 한 이 영적 전쟁을 결코 피할 수 없습니다. 믿음으로 살아갈수록 이 전쟁은 더 민감하게 느껴집니다.

영적 병역 의무를 수행하라

어린아이의 믿음일 때 싸우는 전쟁이 있고, 장성한 믿음일 때 싸우는 전쟁이 있습니다. 믿는 이들이 이러한 영적 전쟁을 피하려 하거나 무시하며 살아갈 때는 감당하기 힘든 더 큰 영적 위기와 어려움이 생기게 됩니다. 믿음의 삶에서 당하는 큰 위기는 영적 전쟁이 있기 때문이 아니라 이를 무시하고 피하려 했기 때문입니다. 믿음이 견고해질수록 이 싸움은 더 맹렬한 전쟁이 됩니다.

세상의 전쟁은 끝나기도 하고 휴전 또는 냉전도 있지만, 영적 전쟁에는 휴전도 없고 냉전도 없습니다. 세상이 존재하는 한 결코 끝나지 않습니다. 이 전쟁에서는 제대하는 군사도 없습니다. 명예 제대도 없습니다. 대체 복무도, 의가사 제대도 없습니다. 도망갈 수도 없습니다. 군사냐 아니냐가 아니라, 패배하는 군사냐 승리하는 군사냐의 문제인 것입니다.

우리는 원치 않는 싸움에 휘말린 것이 아닙니다. 이 싸움을 위해 우리가 존재하고 부르심을 받은 것입니다. 전시 중인 나라에서 병역 의무는 필수입니다. 하나님의 백성인 우리는 전시 중인 하나님 나라의 전쟁에서 병역 의무를 거부할 수 없습니다. 만일 영적 병역 의무를 거부하면 이는 적에게 자신을 밥으로 내어 주는 것과 같습니다.

영적 병역 의무를 거부하려 했을 때 일어난 비참한 사건이 성경에 기록되어 있습니다. 하나님은 이스라엘 백성에게 가나안 땅을 주겠다고 약속하셨습니다. 하나님은 애굽에서 당신의 능력을 보여 주셨고, 시내 산으로 가는 여정에서도 모든 대적들을 이기게 해 주셨습니다. 광야를 지나는 동안에도 하나님은 모든 것을 공급해 주셨습니다. 그런데 가나안 정복을 눈앞에 둔 시점에서 정탐꾼들의 보고를 들은 백성은 그 땅에 들어가기를 거부했습니다. 더 정확하게 말하면, 그 땅에 들어가기를 거부한 것이 아니라 두려움으로 그 땅에 들어가 싸우기를 거부한 것입니다. 싸움 없이 들어가라고 했으면 들어갔을 것입니다.

그 땅에 거하는 거인들에 대한 두려움, 성벽으로 둘러싸인 성읍 등 모든 상황은 이스라엘 백성으로 하여금 '우리는 틀림없이 전쟁에서 질 것'이라는 생각을 갖게 만들었습니다. 그들은 하나님이 약속과 능력으로 함께하셨던 일들을 기억하지 않고 눈앞에 놓인 환경만을 본 것입니다. 그들이 마땅히 싸워야 할 전쟁을 거부한 결과 그들은 광야에서 38년 동안을 방황해야 했습니다.

이스라엘 백성은 광야에 익숙해졌습니다. 그래서 그들은 그곳에 안주한 채 싸우기를 거부한 것입니다. 그들이 전쟁을 거부한 이면에는 두려움만이 아니라, 광야에 있는 것이 가나안에서 싸우는 것보다 훨씬 더 쉽다는 안일한 생각이 있었을 것입니다. 광야에서는 항상 만나가 내려오고 옷과 신이 닳지 않았습니다. 구름 기둥이 움직일 때마다 따라가기만 하면 되었습니다. 그런데 가나안에 들어가면 적들과 싸워야 했습니다. 그리고 적들을 쫓아낸 땅에서 이제는 직접 농사를 지어야 했습니다. 그들은 이런 태도로 전쟁을 거부한 것입니다. '우리가 언제 가나안을 달라고 했습니까?'

오늘날 성도들 또한 마찬가지입니다. 이렇게 두려움과 안일한 태도로 '영적 전쟁'을 거부하고 악한 영과 죄와 싸우기를 거부할 때 우리는 더욱더 방황하게 될 것입니다. 하나님이 예비하신 은혜를 누리지 못하게 될 것입니다. 하나님의 함께하심을 체험하지 못하게 되는 것입니다. 주일 예배에 참석하는 것을 마치 이스라엘 백성이 광야에서 만나를 줍는 것처럼 여겨서는 안 됩니다. 그리고 그것에 만족해서는 안 됩니다. 우리는 약속의 땅에서 스스로 농사를 지으며 살아갈 수 있어야 합니다.

우리는 하나님과 하나님의 백성을 대적하는 악의 영들과 싸워 이겨야 합니다. 대적들에게 일주일 내내 패배하고 포로로 끌려 다니다가 간신히 주일에 오는 것이 아니라, 그리스도 안에서 날마다 승리를 경험하며 살아야 합니다. 우리는 그리스도 안에서 승리의 약속을 받고 싸우는 영적 군사이기 때문입니다. 우리의 힘과 능력으로 싸우는 전쟁이 아니라 믿음과 순종으로, 하나님의 능력으로 이기는 전쟁인 것입니다. 때로 인간적으로는 어리석어 보이지만, 하나님의 전략을 따라 싸울 때 이기는 전쟁이라는 사실을 잊지 말아야 할 것입니다.

출애굽기 15장 3절에서 모세는 하나님을 크고 강하신 '용사'라고 고백했습니다. 하나님은 당신의 백성을 위해 싸우는 용사이십니다. 당신의 이름을 거룩하게 하기 위해 그 대적들과 싸우는 용사이십니다. 이 하나님의 전쟁에 그리스도의 좋은 군사로 충성되게 싸우는 이들은 모두가 강한 용사로 변화될 것입니다. 하나님에게 속한 전쟁이자 우리가 싸워야 할 이 전쟁에서 우리 모두가 승리를 경험하도록 새롭게 무장되기를 소망합니다.

그리스도의 십자가 앞에 나아와 그리스도와 함께 죽는 것이
사탄의 공격으로부터 벗어날 수 있는 유일한 길입니다.
우리의 교만한 자아를 십자가에 못 박아 죽이지 않는 한
우리는 늘 사탄의 공격 대상이 되기 때문입니다.

2

악의 기원

우리를 공격하는 악한 자의 존재를
느끼고, 깨닫고, 분별하고,
그것을 대적하는 것이 참된 신앙입니다.

많은 사람들이 하나님의 존재를 믿지 않는 이유에 대해 세상에 악
이 존재하기 때문이라고 말합니다. 불신자들은 악의 문제를 그리스
도인들을 공격하는 비장의 카드로 사용하기도 합니다. 그들이 이런
질문으로 공격할 때 그리스도인들은 아무 대답도 하지 못하는 경우
가 있습니다.

"악의 존재를 알고도 막을 수 없는 하나님이라면 전능한 분이
아니지 않나요? 또한 악의 존재를 막을 능력이 있지만 그렇게 하지
않는 하나님이라면 선한 분이 아니지 않나요? 하나님이 선하고 전

능하신 분이라면 왜 세상에 악이 존재하나요?"

이러한 질문에 우리는 어떻게 대답해야 할까요? 우리는 적어도 다음과 같이 대답할 수 있어야 할 것입니다.

"악이 존재하기에 선하신 하나님이 존재하는 것입니다. 또한 하나님은 악을 제거할 능력이 없어서 내버려 두시는 것이 아닙니다. 하나님은 악을 미워하시고, 악과 싸우고 계시며, 결국 악을 완전히 심판하실 것입니다. 능력이 없어서 시간이 걸리는 것이 아니라, 선으로 악을 이김으로 더욱 선한 역사를 이루시기 위함입니다."

어떤 세계관이 올바른지 아닌지에 대한 중요한 시금석은 악의 존재를 어떻게 이해하는가입니다. 성경적 세계관에 의하면 악의 존재가 도리어 선하신 하나님의 존재를 증명합니다. 선은 악 없이도 존재할 수 있지만, 악은 선 없이는 결코 존재할 수 없습니다. 악의 본질은 선을 대적하는 것이기 때문에 대적할 선이 반드시 있어야 합니다.

세상의 모든 악한 일들을 보십시오. 악은 반드시 선을 사용해야 성공할 수 있습니다. 도둑질하는 사람이 도둑질에 성공하기 위해서는 모두가 잘 때 깨어 있는 부지런함이 있어야 합니다. 밤을 새서 치밀하고 섬세하게 준비해야 합니다. 이때 필요한 덕목이 무엇입니까? 근면함과 성실함과 철저함입니다. 이는 선에 해당하는 속성입니다. 사기를 치는 사람들은 어떻습니까? 이들은 사기를 치기 위해 사람들에게 접근해 신뢰를 쌓습니다. 신뢰를 바탕으로 자신을 믿게 하는 것입니다. 이러한 신뢰와 믿음 또한 선에 해당하는 속성입니다. 선이 없으면 악은 절대로 성공할 수 없습니다. 이처럼 세상에서 성공하는 모든 악은 반드시 선을 이용합니다. 선을 이용하고 대적하면서 자신의 목적을 이룹니다.

악은 하나님의 선한 창조 세계에 붙어사는 기생충입니다. 기생충은 그 자체로 존재할 수 없습니다. 붙어서 기생할 '숙주'라고 불리는 유기체가 있어야 존재할 수 있습니다. 암세포도 건강하게 살아 있는 세포에 기생하면서 그 세포를 죽이는 것이지, 암세포 자체로는 존재할 수 없습니다. 녹도 마찬가지입니다. 쇠는 녹이 필요 없지만 녹은 쇠에 기생하며 존재하기에 쇠를 반드시 필요로 합니다.

악의 기원

성경은 악의 기원을 분명히 밝힙니다. 악은 무(無)에서 스스로 시작되어 원래부터 존재하는 것이 아니라, 선하신 하나님이 창조하신 존재가 선하신 하나님을 대적함으로 시작된 것입니다. 유다서는 "자기의 처음 지위를 지키지 않고 처소를 떠난 천사들"(유 1:6)이 있다고 말씀합니다. 요한계시록에 보면 천사들의 3분의 1이 이러한 반역에 참여했습니다(계 12:4 참조). 하나님이 창조하신 천사 중 다른 어느 존재보다도 훨씬 더 능력 있는 천사가 교만해서 하나님으로부터 독립해 스스로 통치자가 되고자 하나님에게 반역한 것입니다.

하나님은 왜 이러한 반역을 허용하셨을까요? 왜 그 반역을 통해 이 세상에 참혹한 역사가 진행되게 내버려 두셨을까요? 선하신 하나님은 당신의 창조 세계 가운데 하나님과 교통하고 대화하고 우정을 나누며 동행할 수 있는 자유 의지를 가진 존재로 천사와 인간을 창조하셨습니다. 하나님은 스스로의 의지, 곧 자유 의지로 하나님과 동일하게 대화할 수 있는, 하나님의 속성을 나누어 줄 수 있는 선하신 창조를 베풀어 주신 것입니다. 그리고 하나님은 선하시기에 배반의 가능성까지 가진 존재를 창조하신 것입니다.

그들의 반역은 일시적인 것입니다. 하나님은 그 기간 동안 가만히 계시는 것이 아니라, 그 악을 선으로 바꾸셔서 타락한 무리들을 도리어 선의 도구로 사용하십니다. 구체적으로 말하면, 악의 존재로 인해 우리는 타락하게 되었지만, 하나님은 타락의 과정을 통해 우리를 십자가 앞으로 나아오게 하십니다. 그리고 그 십자가 앞에서 우리의 자유 의지가 얼마나 잘못됐는지를 깨닫게 하십니다. 우리는 그리스도의 십자가 앞에 나아와 구속 받은 자로서 다시는 반역이 없는, 다시는 하나님을 떠나는 일이 없는, 또한 우리의 자유 의지로 하나님을 사랑하고 경외하며 그분 뜻에 자유롭게 순종할 수 있는 존재로 변화되는 것입니다. 인간이 타락하기 이전의 상태보다 타락 이후 그리스도의 십자가를 통해 변화된 인간들이 훨씬 더 영화롭고 하나님을 아는 백성이 되는 것입니다.

타락이 없으면 얼마나 좋을까 생각할 수 있지만, 하나님은 전능하고 영원하시기에 하나님의 깊고 놀라우신 지혜로 하나님 당신의 창조 세계 속에서 십자가로 그들을 변화시키심으로 영원한 하나님 나라의 백성을 만들고 계십니다. 하나님은 지금 그 하나님 나라를 준비하고 계신 것입니다. 그 나라를 이루시는 일에 이 기간을 사용하고 계신 것입니다.

교만, 악의 뿌리

선박의 외부에 있는 물은 선박을 가라앉게 만들 수 없습니다. 오히려 외부에 있는 물은 많을수록 선박을 더 뜨게 만듭니다. 그런데 선박 안에 있는 물은 선박을 가라앉게 만듭니다. 많을수록 더욱 그렇습니다. 이처럼 우리 삶을 무너뜨리는 것은 외부의 시련과 고난이 아니라 내부에 스며든 마음의 교만입니다.

에스겔 28장은 두로 왕의 교만과 이에 대한 하나님의 심판을 말씀하는데, 이는 두로 왕뿐 아니라 인간의 삶의 영역을 넘어선 어떤 영적 존재를 염두에 두고 주신 말씀이라는 것을 알 수 있습니다. 지상의 타락한 세속 권력의 배후에 있는 더 큰 문제를 가진 영적 존재는 바로 하나님에 대해 반역한 마귀의 권세임을 말씀하시는 것입니다.

"사람아, 두로 왕을 위해 슬픔의 노래를 지어라. 그리고 그에게 말하여라. '주 여호와가 이렇게 말한다. 너는 완전함의 본보기였고 지혜가 가득했으며 아름다움이 완벽했다. 너는 하나님의 정원 에덴에 있었다. 루비, 토파즈, 다이아몬드, 황옥, 오닉스, 창옥, 사파이어, 남보석, 에메랄드, 금, 온갖 보석으로 너를 치장했다. 네가 창조되던 날 작은 북과 피리가 너를 위해 준비됐다. 너는 수호의 그룹으로 기름 부음 받았다. 내가 너를 세운 것이다. 그러므로 너는 하나님의 거룩한 산에 있었고 불타는 돌들 가운데 걸어 다녔던 것이다. 네가 창조된 그날부터 네 길이 완전했는데 결국 네게서 죄악이 발견됐다'"(겔 28:12-15).

위의 말씀에서 '에덴에 있었다'고 하니 단순히 두로 왕은 아닙니다. 인간의 창조 이전부터 있던 존재입니다. 하나님의 '수호의 그룹으로 기름 부음 받았다'는 것은 하나님의 제사장 역할을 하는 존재로 창조되었다는 것입니다. 그리고 '하나님의 거룩한 산에 있었다'는 것은 하나님의 통치를 대행하는 역할을 했다는 것입니다. 이렇게 하나님으로부터 고귀한 제사장과 통치자의 직분과 역할을 위임받아 다른 어떤 존재보다 뛰어난 능력을 부여받은 존재가 교만해서 하나님을 대항하게 되었습니다.

네 아름다움으로 인해 네 마음은 교만해졌고 네 영광으로 인해 너는 네 지혜를 더럽혔다(겔 28:17).

악의 뿌리는 교만입니다. 교만은 자유 의지를 가진 존재가 스스로에게 속아 하나님을 대적하는 것입니다. 교만은 하나님이 주신 영광과 지위와 아름다움으로 하나님이 아닌 스스로를 높이는 것입니다. 하나님 한 분 외에는 그 어떤 존재도 스스로 영광스럽지 못하며, 스스로 아름다울 수 없으며, 스스로 지혜롭지 못합니다. 하나님 외의 모든 존재들에게 주어진 영광과 지혜와 아름다움은 모두 하나님이 주신 것입니다. 하나님이 당신의 영광을 드러내도록 주신 능력으로 자신을 영광스럽게 하고 스스로 통치자가 되고 싶어 하는 것이 악의 뿌리요, 기원입니다.

이사야 14장은 바벨론 왕을 언급하면서 그 배후에 있는 마귀의 정체를 드러냅니다.

웬일이냐, 새벽의 아들 샛별아. 네가 하늘에서 떨어지다니! 민족들을 무찌르던 네가 땅에 처박히다니! 너는 속으로 이렇게 말했었지. "내가 하늘로 올라가서 하나님의 별들보다 더 높은 곳에 내 보좌를 높이 세우겠다. 북쪽 끝에 있는 신들의 회의 장소인 산꼭대기에 내가 앉겠다. 내가 구름 꼭대기 위로 올라가서 가장 높으신 분과 같아지겠다"(사 14:12-14).

위의 말씀에는 '내가 …하겠다'는 다섯 가지의 교만한 외침이 나옵니다. 죄를 짧고 단순하게 정의하면 '내가 …하겠다'입니다.

1. 내가 하늘에 오르겠다: 세상에서의 통치에 만족하지 않고 하나님의 영역에 들어가고자 하는 것입니다.
2. 내가 하나님의 별들보다 내 보좌를 높이 세우겠다: 별들이란 하나님의 천사들을 가리킵니다. 그는 자신과 동등한 다른 천사들 위에 더 높이 오르고자 하는 것입니다.
3. 내가 북쪽 끝에 있는 산꼭대기에 앉겠다: 북쪽 끝에 있는 산꼭대기란 메시아의 왕권을 의미합니다. 사탄은 왕의 지위를 가진 그리스도가 되고 싶어 하는 것입니다.
4. 내가 구름 꼭대기 위로 올라가겠다: 구름이란 하나님의 영광을 상징합니다. 하나님에게 속한 영광을 가로채려는 것입니다.
5. 내가 가장 높으신 분과 같아지겠다: 사탄은 하나님의 보좌만이 아니라 하나님의 주재권을 차지하겠다는 것입니다.

악한 사탄 마귀의 출현의 원인은 교만입니다. 교만은 악의 기원이요, 본질이요, 악을 생산하는 공장과 같습니다. C. S. 루이스 (Lewis)는 《순전한 기독교》(홍성사 역간)라는 책에서 "교만은 동물적 본성을 통해서 오는 것이 아니라 순전히 영적인 악이다"라고 했습니다. 다른 죄들은 인간의 동물적 본성을 이용해서 발생하지만, 교만은 지옥에서 바로 올라오는 영적인 악이라는 것입니다.

하나님의 일시적 허용과 사탄의 공격

하나님은 왜 천사가 교만해져서 사탄이 되도록 그냥 내버려 두셨을까요? 이는 하나님이 왜 인간을 타락하도록 내버려 두셨느냐는 것과 같은 질문입니다. 세상에 하나님의 의지에 반역하는 또 다른 악한 의지가 나타났을 때 전능하신 하나님은 왜 이러한 반역을 단번에 끝장내어 비참한 역사의 재난을 막지 않고 허용하셨을까요?

첫째로, 인격적으로 완전한 존재란 완전한 자유 의지를 가져야 하기 때문입니다. 완전한 것은 자유로운 법입니다. 완전한 자유란 교만과 타락의 가능성도 갖습니다. 하나님은 이러한 가능성까지 허용하신 것입니다.

둘째로, 이러한 허용은 제한적이기 때문입니다. 영원한 과거와 영원한 미래 사이에 존재하는 '제한된 시간' 속에서만 허용되기 때문입니다. 우리에게는 전 인류의 역사가 엄청나게 긴 시간으로 느껴지지만, 이는 영원한 과거와 영원한 미래 사이의 '단 한순간에 불과한 시간'입니다.

셋째로 중요하게 생각할 점은, 하나님이 이 기간 동안 사탄이 타락하기 이전에 지녔던 지위보다 더 높고 영광스러운 지위에서 우주를 다스릴 수많은 하나님의 자녀들을 만들고 계시기 때문입니다. 하나님은 지금도 사탄에게 넘어가 타락한 아담의 옛 사람을 그리스도의 십자가로 처리하시고 그리스도와 함께 죽고 다시 살아난 하나님의 자녀들을 만들고 계십니다.

그리스도의 십자가에서 함께 죽고 함께 살리심을 받은 자녀들 안에는 하나님에게 반역하고 대적하는 성품이 존재할 수 없습니다. 죄와 타락의 구덩이에서 건짐을 받은 이들은 창조주 하나님에게 속한 권세와 영광을 자신의 것이라 말하지 못하기 때문입니다. 십자가로 구속 받은 하나님의 자녀들은 그들의 자유 의지로 더 이상 하나님에게 반역하지 않습니다. 도리어 하나님의 뜻에 순종하기를 기뻐합니다. 하나님은 사탄을 바로 처리하지 않으시고 도리어 그 기간 동안 예수 그리스도의 십자가를 통한 구속으로 반역이 없는 하나님 나라를 이루어 가십니다.

사탄은 지음 받은 때에 부여 받은 능력으로 여전히 세상에 영향을 미치며 우리를 대적하고 있습니다. 예수님은 그를 세 번씩이나 "이 세상의 통치자"(요 12:31, 14:30, 16:11)라고 말씀하셨습니다. 바울은 사탄을 "이 세상의 신"(고후 4:4)이며 "공중의 권세 잡은 자"(엡 2:2)라고 말했습니다. 또한 요한은 온 세상이 "악한 자의 지배 아래"(요일 5:19) 있다고 말했습니다. 그리고 요한복음에서는 사탄을 "거짓말쟁이며 거짓의 아버지"(요 8:44)라고 말했습니다. 본문 12절에서는 "권력들과 권세들과 이 어둠의 세상 주관자들"이라고 했고, 16절에서도 "악한 자"라고 이야기하고 있습니다.

사탄 혹은 마귀라는 두 단어는 성경에서 혼용되고 있습니다. 그는 하나의 힘이나 세력이 아니라 거짓과 악의 아비가 되는 인격적인 존재입니다. 또한 인간보다 훨씬 더 강한 자로서 이 세상의 권세들을 이용해서 하나님을 대적하고 하나님의 자녀들을 공격하는 존재입니다. 하나님을 믿는다면 악한 자의 존재를 인정해야 합니다. 악한 자가 있기에 두려워 떨라는 것이 아닙니다. 이 세상 권세의 이면에서 놀라운 악의 세력을 가지고 우리를 공격하는 악한 자의 존재를 느끼고, 깨닫고, 분별하고, 그것을 대적하는 것이 참된 신앙입니다.

본문 11절에 의하면 사탄은 '계략'을 가지고 우리를 대적하고 있습니다. '계략'으로 번역된 단어는 '계속적으로 변화되는 속임수'라는 의미입니다. 사탄이 에덴동산에서 아담과 하와를 유혹할 당시에 가지고 있던 교활한 속임수보다 지금은 그 정도가 더 심해졌습니다. 인간을 무너뜨린 경험이 오랜 시간 동안 축적되면서 사탄은 유혹하는 모든 방법에서 더욱 세련되어졌습니다. 사탄은 언제나 탈을 쓰고 자신을 숨깁니다. 때로는 "우는 사자"(벧전 5:8)처럼 공격해 오지만, 때로는 "빛의 천사"(고후 11:14)로 위장하고 공격합니다.

찰스 스펄전(C. H. Spurgeon)은 우리를 공격할 때 쓰는 방법을 통해 사탄의 교활함을 알 수 있다고 했습니다. 사탄의 세 가지 중요한 교활한 공격 방법이 있습니다. 첫째, 사탄은 사람의 약점, 특히 죄와 관련된 약점을 찾아 공격합니다. 둘째, 사탄은 하나님의 자녀들이 육에 속해 살던 때의 기억을 가지고 공격합니다. 셋째, 이것이 가장 치명적인데, 사탄은 우리가 교만하게 될 때 공격합니다. 사탄은 우리가 잘될 때를 기회로 삼습니다. 잘될 때 찾아오는 교만을 결코 놓치지 않습니다. 하나님의 말씀으로 기쁨이 충만해 그 기쁨으로 하나님을 섬기고 있을 때 찾아오는 영적 교만의 때를 기회로 삼는 것입니다.

제 삶을 돌아보며 가장 교만했던 시기가 언제인지 헤아려 보니 놀랍게도 하나님의 말씀을 가장 많이 읽었을 때였습니다. 은혜 받고, 성령 체험하고, 시간 시간마다 말씀을 읽으며 은혜 가운데 있었지만 그때가 저에게는 가장 교만한 시기였습니다. 왜 은혜 받을 때 교만하게 되는 것일까요? 왜 하나님의 놀라운 역사가 나타날 때 교만하게 되는 것일까요? 사탄은 우리가 영적으로 은혜 받고 충만한 과정에서도 우리의 높아진 마음을 이용해 교만하게 할 수 있기 때문입니다. 사탄은 우리를 절대로 포기하지 않기 때문입니다. 이것이 우리가 깨어 있어야 하는 이유며, 우리가 하나님의 전신갑주를 입어야 하는 이유입니다.

교만을 벗고 겸손을 입으라

베드로는 가이사랴 빌립보에서 "주는 그리스도이시며 살아 계신 하나님의 아들이십니다"(마 16:16)라는 위대한 신앙 고백을 했습니다. 그러나 이 고백 이후에 그는 예수님의 고난과 죽음을 막아서는 사탄의 역할을 합니다. 예수님은 베드로에게 "사탄아, 내 뒤로 물러가거라! 너는 나를 넘어뜨리는 걸림돌이다! 네가 하나님의 일은 생각하지 않고 사람의 일만 생각하는구나"(마 16:23)라고 말씀하시며 그를 책망하셨습니다. 위대한 신앙 고백을 했던 베드로도 순간 사탄의 공격을 받았던 것입니다. 또 한 예로, 베드로가 "모두들 주를 버린다 해도 저는 결코 버리지 않겠습니다"(마 26:33)라고 교만하게 호언장담했을 때, 예수님은 "시몬아, 시몬아, 보아라. 사탄이 너희를 밀처럼 체질하겠다고 요구했다"(눅 22:31)고 말씀하셨습니다. 베드로가 자기 확신과 헛된 교만에 빠져 있을 때 사탄이 밀을 체질하듯 공격해 왔다는 것입니다.

역대상 20장에는 다윗의 수많은 승리의 기록들이 나옵니다. 그런데 역대상 21장 1절에서 다윗은 사탄의 공격에 넘어가고 맙니다.

사탄이 일어나 이스라엘을 치려고 다윗에게 이스라엘의 인구를 조사할 마음을 불어넣었습니다(대상 21:1).

다윗이 승리했을 때 사탄은 이렇게 마음에 속삭인 것입니다. '자, 이제 너의 성공을 계산해 보아라. 네가 승리해서 얻은 백성의 수와 네 왕국의 넓이를 헤아려 보아라.' 다윗이 인구를 조사한 것이 왜 그렇게 잘못한 일입니까? 그 조사가 하나님의 영광이 아닌 자신의 영광을 위한 것이었기 때문입니다. 다윗의 명령 이면에는 교만이 움직이고 있었고, 사탄은 다윗의 교만한 때를 놓치지 않고 하나님의 영광을 가로채는 죄를 범하게 만든 것입니다.

이 사건들의 공통점이 있습니다. 우리 마음에 교만이 일어날 때 사탄의 거짓과 계략을 분별하지 못하게 된다는 것입니다. 사탄에게 넘어간 수많은 사람들의 공통점은 교만 때문에 눈이 어두워 속임수를 분별하지 못했다는 것입니다. 사탄은 성도들의 갈망이 충족될 것처럼 유혹 거리를 가져다줍니다. 하지만 속임수입니다. 사탄의 유혹은 결코 갈망을 해결해 주지 못합니다. 교만은 그 속임수를 보지 못하도록 우리의 눈을 어둡게 합니다.

사탄은 성도들이 완전히 멸망하기 전까지 결코 만족하지 않습니다. 성도들의 믿음이 연약해지고 파괴되는 것을 기뻐하며 하나님을 떠나기까지 결코 쉬지 않습니다. 때로 행복함으로 다가오는 일들 뒤에서 우리를 속일 수 있습니다. 목회자가 교만하면 교회 공동체는 사탄에게 무너집니다. 교회 중직자들이 교만하면 다툼과 분열이 끊이지 않습니다. 교만은 고난 속에서가 아니라 영적으로 풍성한 은혜

속에서 다른 사람은 은혜롭지 못하다고 여길 때 찾아옵니다.

사탄이 이렇게 우리를 공격한다 해도 사탄은 한계가 있는 존재입니다. 사탄은 전능한 존재가 아닙니다. 사탄은 어느 곳에나 동시에 있지 않으며 원하는 누구에게나 동시에 공격할 수 없습니다. 이곳저곳을 두루 다니며 상상할 수 없는 속도로 활동하기에 어디에나 존재하는 것으로 느껴질 뿐입니다. 사탄은 모든 것을 알지 못합니다. 하나님은 우리의 모든 행동과 생각과 동기를 아시지만 사탄은 인간의 마음속 동기까지 정확하게 읽어 낼 수 없습니다. 많은 경험을 통해 인간의 마음을 읽어 낼 뿐입니다. 사탄은 또한 정확한 미래를 알지 못합니다. 사탄은 미래를 알려주겠다는 식으로 인간을 유혹합니다. 하지만 사탄은 인간과 마찬가지로 미래를 알지 못합니다.

가장 중요한 사탄의 한계는 그가 은혜를 모른다는 것입니다. 그의 생각의 논리는 이렇습니다. '하나님의 축복이 인간에게 쏟아지는 것은 인간 안에 죄가 없기 때문이다. 만일 인간이 죄의 자리에 앉게 되면 하나님은 축복을 거두시고 인간에게 진노를 쏟아 부으실 것이다.' 여기서 사탄이 전혀 상상하지 못한 것은 그리스도의 십자가입니다. 그는 하나님의 진노를 받아 마땅히 멸망당해야 하는 인간을 용서하고 회복시키기 위해 하나님 당신이 성육신하셔서 인간이 되시고, 인간이 감당해야 하는 하나님의 진노를 성육신하신 하나님, 곧 그리스도가 대신 감당하심으로 그 죄를 처리할 수 있다는 것을 알지 못했습니다. 사탄은 그리스도의 십자가의 대속을 통해 하나님의 사랑과 용서가 부어질 수 있다는 것을 전혀 상상하지 못한 것입니다. 사탄은 본질상 교만하기에 겸손하신 하나님이 어떻게 행하실지를 예측하지 못했습니다.

이 땅에 오신 예수님은 사탄과 정반대의 방향으로 움직이셨습니다. 사탄은 다섯 번씩이나 스스로 높아지리라 선언했지만, 빌립보서 2장은 예수님의 낮추심을 일곱 가지로 기록하고 있습니다. 사탄은 하나님처럼 높아지려 했지만, 예수님은 하나님과 동등한 권세와 하늘의 영광을 내려놓고 자기를 부인하고 죽기까지 낮아지셨습니다.

예수님의 지상 생활 기간 중 사탄은 모든 수단과 계략을 다 동원해서 그분을 공격했습니다. 그러나 겸손하신 예수님은 그의 계략에 넘어가지 않으셨습니다. 사탄은 십자가에서 예수님에게 치명상을 입혔다고 생각했습니다. 그러나 사탄은 부활의 아침이 다가오고 있다는 것을 상상하지 못했습니다. 마귀의 계략이 도저히 손을 뻗치지 못한 영역은 그리스도의 십자가입니다. 이는 마귀의 교본에도 나오지 않고, 인류 역사의 경험 속에서도 보지 못한 일이기 때문입니다.

사탄은 사람들의 교만을 부추겨 자신의 지배하에 있도록 공격하지만 그리스도의 십자가를 붙잡는 이들은 결코 사탄 마귀의 계략에 넘어가지 않습니다. 자신의 옛 사람을 십자가에 못 박고 자기를 부인하고 그리스도의 겸손을 따르기 때문입니다. 교만한 마음은 사탄의 밥이 됩니다. 사탄에게 공격을 받을 뿐 아니라 도구가 되기도 합니다. 그러나 겸손한 마음은 사탄이 결코 무너뜨릴 수 없습니다. 바짝 엎드려 있는 사람은 넘어질 이유가 없기 때문입니다.

하나님을 위해 살며 헌신했던 경건한 사람들은 모두 사탄 마귀의 사나운 공격을 받았지만 언제나 그 승리는 그리스도의 십자가를 붙잡을 때 얻을 수 있었습니다. 스스로의 힘으로는 무너질 수밖에 없습니다. 그리스도의 십자가 앞에 나아와 그리스도와 함께 죽는 것이 사탄의 공격으로부터 벗어날 수 있는 유일한 길입니다. 우리의 교만한 자아를 십자가에 못 박아 죽이지 않는 한 우리는 늘 사탄의 공격 대상이 되기 때문입니다.

우리는 마귀의 계략에 맞서 대적해야 합니다. 하지만 우리 육신의 힘과 지식과 노력으로 대적하면 반드시 패할 수밖에 없습니다. 우리는 주 안에서 그리고 주의 힘의 능력으로 대적해야 합니다. 그것은 그리스도의 십자가에 못 박힌 자로 주의 이름으로 대적하는 것입니다.

끊임없이 깨어 있으라는 성경의 교훈은
마귀가 끊임없이 우리를 공격하고 있기 때문입니다.
우리가 쉬지 말고 기도해야 하는 이유는
마귀가 쉬지 않고 우리를 공격하고 있기 때문입니다.

3

교활한 마귀의
다섯 가지 계략

우리에게는 사탄의 계략을
분별할 수 있는 능력이 없습니다. 이는 오직
성령 안에서 깨어 기도할 때만 주어지는 것입니다.

선과 악, 노선을 분명히 하라

성경은 죄를 정의할 때 '선을 행할 줄 알면서도 행하지 않는 것'(약 4:17 참조)이라고 말씀합니다. 선을 행할 줄 알면서도 행하지 않는 이유는 무엇일까요? 이는 선에 대한 연구가 부족해서가 아니라 악을 분별하고 대적하지 않았기 때문입니다. 사람들은 대개 자신 안에 있는 악을 분별하는 일을 회피하며 살아갑니다. 다른 사람의 죄와 허물은 현미경으로 찾아내면서도 자신 안에 있는 악에 대해서는 매우 관대합니다. 그래서 선인 줄 알면서도 행하지 않고, 악한 것인 줄 알면서도 행동에 옮기는 일이 발생합니다. 악을 대적하지 않아도 선을 행하는 것만 추구하면 될 것 같은데 아닙니다. 악을 대적하지 않으면 선을 행하지 못하게 됩니다.

이러한 상태의 원인은 배후에서 은밀하게 활동하는 사탄 마귀의 영향력과 공격에 있습니다. 우리의 눈을 어둡게 하고 마음을 혼미하게 해서 분별력을 마비시키는 악한 세력이 있기 때문입니다. 이러한 악한 마귀의 존재를 깨닫고 이들을 대적하지 않으면 선을 행할 줄 알면서도 행하지 않고, 악한 것임을 알면서도 행하는 삶에서 벗어나지 못합니다. 나아가 사탄의 종노릇하는 인생을 살게 됩니다.

마귀의 목표는 우리가 계속 죄 가운데 거하며 하나님으로부터 멀어지게 하는 것입니다. 우리가 하나님의 뜻 밖으로 벗어나도록 유도해서 하나님 안에서 누릴 수 있는 기쁨과 행복을 빼앗고, 우리를 통해 하나님이 영광 받지 못하시도록 하는 것입니다. 마귀는 하나님의 영광뿐 아니라 하나님의 자녀들에 대해서도 질투해서, 하나님의 자녀들을 무너뜨림으로써 그분을 방해하고 있는 것입니다.

예수님이 이 땅에 오신 목적은 마귀의 일을 멸하시기 위함입니다(요일 3:8 참조). 사탄 마귀가 들끓는 이 세상에서 사탄의 지배가 떠나가고 하나님의 지배가 임하도록 하시는 것입니다. 예수님이 사탄을 대적해서 싸우시는 것과 하나님 나라를 세우시는 것은 동일한 활동입니다. 예수님이 이 땅에서 귀신을 내어 쫓고 질병을 고치신 일은 그저 하나님 나라를 상징하는 사역이 아니라, 그 자체가 하나님 나라였습니다. 우리는 예수님이 이 땅에 가져오신 하나님 나라의 백성으로서 이 전쟁에 참여하고 있는 영적 군사임을 잊어서는 안 됩니다. 믿음은 선한 싸움이요, 치열한 영적 전쟁입니다.

아프리카 시에라리온 선교사요, 미국 트리니티 복음주의 신학교 교수였던 티모시 워너(Timothy Warner)의 《영적 전투》(죠이선교회 역간)라는 책에 보면, 초대교회에는 세례 준비 과정에 사탄과 귀신들에 대한 가르침이 포함되어 있었고, 세례식에는 귀신을 쫓아내는 의식이 포함되어 있었다고 합니다. 그 의식은 다음과 같은데, 세례를 받을 때 서쪽(해가 지는 곳으로 어둠과 사탄의 지역을 상징하는 방향)을 향해서는 "사탄아, 나는 너를 거부한다. 이제 너를 섬기지 않고 너의 모든 일을 포기한다"고 선언하고 나서 동쪽(부활하고 승리하신 그리스도를 상징하는 방향)을 향해서는 "예수 그리스도시여, 이제부터 나는 당신을 섬기는 삶을 시작합니다"라는 충성의 고백을 하게 했다고 합니다. 그런데 왜 시간이 흐르면서 이 세례 의식에서 사탄을 거부하고 귀신을 내어 쫓는 과정이 배제된 것일까요? 티모시 워너 교수는 서구적 세계관에 악한 영들의 활동에 대한 인식이 결핍되었기 때문이라고 지적합니다.

유명한 청교도인인 존 버니언(John Bunyan)이 쓴 두 개의 중요한 책이 있습니다. 하나는 《천로역정》이고, 다른 하나는 《거룩한 전쟁》입니다. 《천로역정》이 더 잘 알려져 있지만, 두 책의 주제는 모두 동일하게 영적 전쟁입니다. 마틴 로이드 존스는 19세기 중엽부터 서구 사회에서 이러한 청교도들의 영적 전쟁에 대한 책들을 하나의 단순한 '문학 작품'으로만 여기고 실제 삶 속에서 일어나는 '영적 전쟁'에 대한 것들을 받아들이지 않게 되었다고 지적합니다. 그 결과 교회가 마귀의 계략에 대해 대단히 무지하게 되었다고 안타까워합니다. 서구 사회에서 마귀의 존재를 미신적으로 여기면서 마귀의 계략에 방심하다가 영적으로 점점 무지하게 되었다는 것입니다.

영적으로 깨어 있지 않으면 마귀의 공격을 깨닫지도 못한 채 당할 수 있습니다. 마귀는 은밀히 공격하기 때문입니다. 끊임없이 깨어 있으라는 성경의 교훈은 마귀가 끊임없이 우리를 공격하고 있기 때문입니다. 우리가 쉬지 말고 기도해야 하는 이유는 마귀가 쉬지 않고 우리를 공격하고 있기 때문입니다. 기도를 게을리 하면 마귀는 즉시로 그 음흉한 계획을 가지고 우리를 공격해 올 것입니다. 그러면 우리는 마귀의 계략에 당할 수 있습니다.

모든 기도와 간구로 항상 성령 안에서 기도하고 이를 위해 늘 깨어서 모든 일에 인내하며 성도를 위해 간구하십시오(엡 6:18).

사탄 마귀의 주된 계략

성경과 역사는 우리를 공격하기 위해 마귀가 주로 사용하는 계략들을 알려 줍니다. 그것을 마귀의 영어 스펠링인 Devil의 D에 맞춰 하나씩 살펴보겠습니다.

의심(Doubt)

첫 번째는, 의심입니다. 사탄은 인간에게 제일 처음 의심으로 공격했습니다.

> 여호와 하나님께서 만드신 들짐승 가운데 뱀이 가장 교활했습니다. 그가 여자에게 말했습니다. "정말 하나님께서 '동산의 어떤 나무의 열매도 먹으면 안 된다'라고 말씀하셨느냐?"(창 3:1)

이 뱀의 말에서 '정말'이라는 단어가 의심의 씨앗입니다. 개역개정 성경에서는 '참으로'라는 단어를 사용했습니다. 사탄은 우리 생각의 길에 하나님의 말씀에 대한 의심의 씨앗을 뿌림으로 우리를 공격합니다. 의심은 인간에게 자유가 있다는 뜻입니다. 여자가 아무런 거부감 없이 이 뱀의 말에 반응하게 된 것은 하나님이 인간을 의심이 가능한 존재로 창조하셨기 때문입니다. 문제는 이 의심을 어디에 사용하느냐입니다. 여자는 이 자유를 가지고 뱀의 말을 의심하고 하나님의 말씀에 대한 신뢰와 순종으로 응답해야 했습니다. 그런데 여자는 뱀을 의심하지 않고 말씀에 대한 의심에 기초해서 뱀과 대화했습니다.

사람들은 의심이 어떤 지적인 문제라고 생각하지만, 실상은 의지적인 문제입니다. 의심의 뿌리는 하나님에 대한 의지적 불순종입니다. 여자가 의심을 받아들였을 때 그는 그 뒤에 나오는 뱀의 말에 문제가 있다는 것을 깨닫지 못했습니다. 하나님은 '동산의 어떤 나무의 열매도 먹으면 안 된다'고 말씀하신 적이 없습니다. 여자는 사탄의 왜곡을 분별하지 못한 채 자신도 하나님의 말씀을 왜곡하게 되었습니다. 하나님이 "동산 한가운데 있는 나무의 열매는 죽지 않으려거든 먹지도 말고 건드리지도 마라"(창 3:3)라고 말씀하셨다고 왜곡한 것입니다. 하나님은 건드리지 말라고 하신 적이 없습니다. 이 틈을 타서 뱀은 하나님의 말씀을 정면으로 부인합니다. "너희가 절대로 죽지 않을 것이다"(창 3:4). 그러면서 도리어 그것을 먹는 날에는 너희 눈이 열려서 하나님처럼 될 것이라는 거짓말을 보탭니다. 이처럼 하나님의 말씀에 대한 왜곡과 부인과 거짓말의 뿌리는 의심에서 시작됩니다.

사탄은 우리가 죄를 지을 때 하나님의 사랑을 의심하게 합니다. 때로 우리가 죄를 짓게 되면 하나님이 우리를 버리실 것이라고 생각하게 합니다. 하나님의 사랑은 끝났다고 생각하게 합니다. 그러나 하나님은 우리가 죄를 짓게 될 때 더욱더 간절하게 사랑하십니다. 탕자의 비유에서 허랑방탕했던 그 아들을 향해 '너는 내 아들이라' 말하며 끌어안고 돌아옴을 기뻐하며 잔치를 벌인 아버지처럼, 우리를 향한 하나님의 사랑을 우리의 죄와 허물이 끊을 수 없습니다.

사탄은 때로 고난당하는 성도들로 하여금 하나님의 사랑을 의심하게 합니다. 하나님이 이 고통을 주신 것은 나를 사랑하지 않기 때문이라고 생각하게 하는 것입니다. 〈신은 죽지 않았다〉라는 영화에 그런 이야기가 등장합니다. 주인공인 대학생을 자신의 무신론으로 괴롭히는 교수가 나오는데, 그는 어머니가 질병으로 죽었을 때 자신의 기도에 응답하지 않은 것에 대해 하나님에게 분노하며 무신론자가 되었습니다. 하나님의 사랑에 대한 의심입니다. 하지만 욥기와 히브리서는 하나님이 그 사랑하시는 자들을 고통을 통해 더욱 연단하신다고 말씀합니다.

주께서는 사랑하시는 사람을 연단하시고 아들로 받으신 사람들마다 채찍질하신다(히 12:6).

사탄은 성도들이 구원의 확신을 의심하게 합니다. 사탄은 하나님이 우리에게 주시는 구원을 빼앗을 수 없습니다. 그러나 구원의 즐거움은 빼앗을 수 있습니다. 구원의 확신을 가질 수 없다고 말하는 것은 사탄에게 속는 것입니다. 그런데 반대로 확신이 있어야 구원받는다는 것도 속는 것입니다. 확신 없이도 구원받는 사람들이 있습니다. 하지만 구원받은 사람이 확신을 가지고 살아가는 것은 우리에게 약속된 축복입니다. 우리는 그러한 확신을 추구해야 하며, 구원의 즐거움을 누려야 합니다.

구원은 불안한 것이 아닙니다. 구원의 확신이란 나를 위한 처소가 예비되어 있고, 그리스도 안에서 십자가를 통해 나를 분명히 구원하신다는 것을 확실하게 믿는 믿음이 우리에게 주어진 것입니다. 사탄은 이것을 빼앗으려 합니다. 그래서 하나님의 말씀을 의심하게 하고, 사랑을 의심하게 하고, 구원을 의심하게 합니다. 하나님이 성경과 교회 역사를 통해 우리에게 주신 무한한 사랑과 축복의 물줄기를 끊어버리는 것이 바로 의심입니다. 우리 안에 이러한 의심이 밀려올 때 우리는 이것이 마귀의 계략임을 알고 물리쳐야 합니다.

하나님의 말씀에 대한 모든 의심은 사탄이 주는 것입니다. 하지만 더 정확히 믿고 싶어 던지는 진지한 질문은 사탄이 주는 의심이라기보다는 배움의 과정입니다. 하나님의 모든 말씀에 대해 의심을 버리고 믿음과 순종으로 응답해야 합니다.

욕망(Desire)

두 번째는, 욕망입니다. 사탄은 인류 역사를 통해서 내내 전략을 쌓고 개발해 왔습니다. 그중 가장 많은 사람들을 넘어뜨리는 데 성공한 계략은 인간의 선천적인 욕구를 악한 욕망으로 바꾸는 것입니다. 사탄은 인간의 기본적인 욕구를 잘 알고 있습니다. 이 욕구들은 하나님의 선물입니다. 사람마다 다른 종류의 욕구가 강렬하게 나타나기 마련입니다.

사탄은 우리가 살아가는 방식과 말과 행동을 유심히 관찰함으로써 가장 강렬한 욕구를 알아냅니다. 그리고 그 한 가지 욕구에 지나치게 집중하게 만듭니다. 사탄은 옳지 않은 방법, 하나님이 정하시지 않은 방법을 사용해서라도 그 욕구를 충족시키도록 유도합니다. 하나님이 정하신 한계와 방법과 상관없이 원하는 대로 그 욕구를 충족하는 것이 자유라고 부추깁니다.

사탄은 욕구를 충족하는 것이 전부인 것처럼 포장합니다. 잘못된 방법으로 욕구를 충족시켰을 때 그 결과가 어떠할지에 대해서는 말하지 않고 욕구에만 집중하게 합니다. 선악과를 먹음으로 발생하는 처참한 결과에 대해서는 말하지 않은 것처럼 말입니다. 사탄은 성적 타락이 얼마나 쉽게 가정을 무너뜨리고 어떤 불행을 안겨 주는지 생각하지 못하게 만듭니다. 알코올 중독, 약물 중독, 도박 중독이 얼마나 삶을 무너뜨리는지 생각하지 못하게 만듭니다. 오로지 욕구 자체에 집중하게 하는 것입니다.

사탄은 강렬한 욕구보다 더 중요한 문제가 있다는 것을 생각하지 못하게 합니다. 자신의 욕구가 충족되지 않는다는 것에만 집착하면 사탄의 유혹에 넘어가게 됩니다. 원하는 것을 '지금 당장' 얻어야 한다는 것은 분명한 사탄의 계략입니다.

사람들의 욕구 문제에 대한 책임을 사탄에게만 돌려서는 안 됩니다. 모든 문제에는 개인적인 책임이 따릅니다. 하지만 그런 상황을 만들고 영적 훈련이 없는 평범한 삶으로는 이길 수 없는 압박 아래로 밀어 넣기 위해 육신의 욕구를 이용하려 하는 악한 세력이 존재한다는 것을 분명히 알고 깨어 있어야 합니다.

속임수(Deception)

세 번째는, 속임수입니다. 사탄은 자신의 거짓된 생각을 사람들의 생각 속에 집어넣을 뿐 아니라 오랜 역사 속에서 매우 익숙한 생각으로 고정시켜 버립니다. 사탄이 처음 주입하는 생각은 마치 등산가가 암벽을 올라갈 때 필요한 첫 '발끝 디딤판'(toe-hold)과 같습니다. 이러한 생각은 욕구를 만들고 점점 죄책감이 무뎌지게 합니다. 이 과정이 지나면 사탄은 좀 더 든든하고 안정적인 상태를 만드는 데 필요한 '발판'(foot-hold)을 설치합니다. 발판에 올라서면 발끝으로 있을 때보다 더 견고하게 자신의 행동을 정당화하며 유혹을 실행합니다. 시간이 지나 발판에 견고하게 섰을 때 그다음 단계로 옮겨 가는데, 그것을 '견고한 진'(strong-hold)이라고 부릅니다. 이 '견고한 진'은 옳지 않은 것임에도 불구하고 이성으로 합리화해서 악하다고 여기지 않게 되는 사탄의 속임수로 만들어진 터전입니다.

> 우리가 육신으로 행하나 육신에 따라 싸우지 아니하노니 우리의 싸우는 무기는 육신에 속한 것이 아니요 오직 어떤 견고한 진도 무너뜨리는 하나님의 능력이라 모든 이론을 무너뜨리며 하나님 아는 것을 대적하여 높아진 것을 다 무너뜨리고 모든 생각을 사로잡아 그리스도에게 복종하게 하니 너희의 복종이 온전하게 될 때에 모든 복종하지 않는 것을 벌하려고 준비하는 중에 있노라(고후 10:3-6, 개역개정 성경).

'견고한 진'이라는 단어 뒤에 나오는 '모든 이론', '하나님 아는 것을 대적하여 높아진 것'은 서로 연결되는 표현들입니다. 이는 언뜻 듣기에는 옳은 것 같지만 사실은 잘못된 생각들이 이론화된 것들을 말합니다.

사람들은 이성적인 논리로만 설명되면 믿고 받아들입니다. 그러나 이성은 한계가 있습니다. 뛰어난 수학자이자 과학자인 파스칼(Blaise Pascal)은 "이성의 최고의 성취는 이성에는 한계가 있다는 것을 보여 주는 것이다"라고 말했습니다. 참된 신앙의 가장 큰 적은 인간의 이성에만 기초한 철학입니다. 데카르트(René Descartes)의 명

언 "나는 생각한다. 고로 존재한다"는 가히 혁명적 명제입니다. 인간의 실존의 이유와 근거를 인간의 이성에서 찾게 함으로써 수많은 사람들로 하여금 하나님의 계의를 자신 밖으로 밀어내도록 만들었기 때문입니다. 사람들이 듣기에는 매우 고상하고 멋있게 느껴지지만, 이성에만 의존하는 생각은 거짓이 들어 있는 철학적 관념들입니다. 이는 곧 세계관을 형성합니다.

세계관이란 사람들이 진실로 믿고 그대로 사는 것입니다. 이는 렌즈와 안경 같아서 우리는 그 세계관을 통해 세상을 보게 됩니다. 그것의 옳고 그름을 생각할 겨를도 없이 그대로 행동하고 살도록 만드는 것입니다. 사람은 자신의 고백대로 살지 않을 수 있습니다. 그러나 자신이 믿는 대로 살 수밖에 없습니다. 세계관은 진실로 사람들이 믿는 것입니다. 어떤 사람의 세계관이 무엇인지 알고자 한다면 그에게 묻지 말고 그가 사는 것을 지켜보라는 말이 있습니다. 특히 그가 어려움과 압박과 위기에 처해 있을 때를 관찰하라고 합니다.

우리가 매일 말씀을 가까이해야 하는 이유는 내 안에, 우리나라에, 세상 속에 있는 잘못된 세계관이 무엇인지를 깨닫고 고쳐 가야 하기 때문입니다. 복음을 전하기 힘든 이유가 무엇입니까? 사탄의 견고한 진들이 세상 속에 세계관으로 형성되어 있기 때문입니다. 예수 그리스도를 믿어도 내면의 세계관이 다시 세워지지 않으면 겉은 그리스도인이나 한 꺼풀 벗겨 보면 그 안에 샤머니즘이 있고, 유교가 있고, 때로는 무서운 우상들이 숨어 있을 수 있습니다. 이처럼 조상 때부터 내려오는 잘못된 세계관, 너무나 익숙해져서 나 자신도 분별하지 못하는 것이 바로 견고한 진입니다. 이를 통해 우리는 계속해서 속고 살고 있는 것입니다.

영적 전쟁의 중요한 측면은 세계관 전쟁으로 나타납니다. 선교사가 선교지에서 한 영혼을 구원하는 일이 왜 그렇게 어렵습니까? 그 사람을 지배하고 있는 세계관이 그를 사로잡고 있기 때문입니다. 사람의 힘으로는 그 세계관을 무너뜨릴 수 없습니다. 오직 말씀과 성령의 역사만이 그것을 가능하게 합니다. 초자연적인 기적이 일어나야 그 세계관이 깨어집니다. 우리가 익숙하게 여기는 거짓된 세계관을 통해 속고 있는 속임수들이 깨어져야 영적 전쟁에서 승리할 수 있습니다. 복음이 전해지면서 때로 초자연적인 기적들이 나타나는 이유는 바로 세계관을 깨뜨리기 위해서입니다.

분열(Division)

네 번째는, 분열입니다. 사탄의 목표는 하나님이 세우시는 관계를 무너뜨리는 것입니다. 선교지에서 복음을 전하는 사역자들이 받는 사탄의 공격 중 가장 큰 것은 동료 선교사와의 관계를 무너뜨리고 분열시키는 것입니다. 동역자들이 함께 기도하지 못하고, 협력하지 못하고, 서로 적이 되게 하는 것입니다. 비난과 거짓된 소문으로 서로 싸우고 헐뜯게 만드는 것입니다. 교회 공동체 안에서 한 사람이 다른 누군가와 서로 원수 된 관계에 놓여 있다면, 원수는 상대방이 아닙니다. 두 사람의 공동의 적은 바로 분열을 부추기는 사탄입니다.

분명 불가피한 분열은 있습니다. 참과 거짓을 선택해야 하는 분열은 있을 수밖에 없습니다. 하나님은 거짓과 악과 하나 되라고 말씀하지는 않으십니다. 물론 거짓된 하나 됨도 있습니다. 사탄과 악한 영들도 분열하지 않고 하나 되어 일합니다. 하지만 불필요한 논쟁과 권력 투쟁과 불신과 상처로 인해 분열되는 것은 사탄의 계략에 넘어가는 것입니다.

미국의 베스트셀러 작가인 캘빈 밀러(Calvin Miller)의 책에서 이런 간증을 읽은 적이 있습니다. 그분이 목회하던 교회에서 오르간을 새로 구입하기로 했는데 로저스 오르간으로 할 것이냐 알렌 오르간으로 할 것이냐를 놓고 의견이 나누어졌다고 합니다. 결국 다수의 의견에 따라 알렌 오르간으로 결정되었는데, 유독 한 성가대원만은 로저스 오르간으로 해야 한다는 의지를 끝까지 굽히지 않았다고 합니다. 결국 알렌 오르간이 설치되었고, 반대하던 성도는 시간이 흐를수록 목회자에 대해 냉담한 태도로 그를 비방하기 시작했다고 합니다.

그러던 중 부흥회 기간에 강사로 오신 목사님을 통해 화해에 관한 말씀이 선포되었다고 합니다. 성도 간에 적대 감정이 있는 사람을 찾아가 화해하고 함께 기도하라는 강사 목사님의 말씀에 순종해서 담임목사가 그 성도를 찾아가 '이제 나를 용서하고 마음을 풀고 함께 기도하자'고 했을 때, 그 성도는 이렇게 말했다고 합니다. "저는 목사님 같은 분과는 절대로 함께 기도하고 싶지 않아요. 목사님께서는 로저스 오르간을 구입하기 원하는 저의 의사를 무참히 짓밟으셨어요. 지금 제가 거절할 것을 뻔히 알면서 화해를 청하는 것은 목사님의 불순한 의도 때문입니다. 불쾌합니다."

이 사람은 왜 교회에 오는 것일까요? 자신의 불쾌감을 마음껏 표출하기 위해서일까요? 불만이 앙심이 되어 악마적인 편견과 분열의 영에 사로잡혀 휘둘리고 있음을 깨닫지 못하는 것은 매우 불행한 일입니다.

바울이 가장 사랑하고 기뻐한 빌립보교회 성도들에게 한 가지 흠이 있다면 바로 내부 리더십의 분열이었습니다. 그래서 그는 유오디아와 순두게에게 주 안에서 같은 마음을 가지라고 권면했습니다(빌 4:2 참조). 이름까지 거명한 것을 보면 이 두 사람이 빌립보교회의 분열의 주역이었음을 알 수 있습니다.

바울과 실라와 디모데는 데살로니가에 있는 교회를 방문하고자 간절히 갈망했지만 사탄이 막았습니다(살전 2:18 참조). 바울은 "사탄이 우리를 막았습니다"라고 기록합니다. 사탄이 어떻게 막았는지는 구체적으로 설명하지 않았지만 그 이유는 분명합니다. 바울 일행이 데살로니가교회에 가면 큰 영적 부흥과 하나 됨이 일어날 것이기 때문입니다. 사탄은 하나님의 사람들이 성령에 이끌리어 하나님의 공동체를 일으키려 할 때 공격합니다.

찰스 스펄전은 "마귀가 조용할 때는 내가 선한 일을 하고 있지 않다는 분명한 증거로 여겨야 합니다. 사람들이 여러분에게 거짓을 말하며 중상모략하기 시작할 때, 바로 그때가 하나님 나라가 도래하고 있다는 증거인 것입니다"라고 말했습니다. 우리가 서로 하나 되어 예수 그리스도를 전파하고 하나님 나라의 복음을 증거하려 할 때 사탄은 우리를 방해하고 공격할 것입니다.

낙심(Discouragement)

다섯 번째는, 낙심입니다. 이는 이 시대에 사탄이 가장 즐겨 사용하는 계략입니다. 두려움과 걱정과 근심의 목표는 모두 낙심하게 하는 데 있습니다. 시편 42편에는 낙심한 영혼의 부르짖음이 나옵니다. "오 내 영혼아, 왜 그렇게 풀이 죽어 있느냐? 왜 이렇게 내 속에서 불안해하느냐?"(시 42:5) 이 시편 기자는 낙심으로 공격하는 사탄과 싸운 것입니다.

낙심에는 많은 원인이 있습니다. 우선은 기질상의 문제입니다.

어떤 사람들은 본래 쉽게 낙심하는 우울증적인 기질을 가지고 태어납니다. 이 사람들은 언제나 지나친 자기반성을 합니다. 그런데 사탄은 이러한 지나친 자기 집중에 주목합니다. 자기애(自己愛)건 자기 과신이건 자신에게 주목할 때를 이용해서 완전히 낙심시켜 버리는 것입니다.

또 다른 원인은 자신이 아닌 다른 사람들만을 바라봄으로써 낙심하는 것입니다. 다른 사람과 비교해서 자신을 평가하면서 '저 사람이 저렇게 되기까지 나는 도대체 뭘 했는가?' 생각하며 낙심하는 것입니다. 비교를 통해 열등감과 낙심에 빠지게 만드는 것입니다. 사람마다 길이 다르고, 하나님이 쓰시는 분야가 다르고, 분량이 다릅니다. 현재의 자신이 아닌 다른 어떤 사람이기를 바라는 것처럼 우리를 낙심하게 하는, 또 사탄으로 하여금 좋아하게 하는 생각은 없습니다. 나의 나 된 것은 하나님의 은혜일 뿐입니다. 타고난 그대로가 아닌 다른 어떤 사람이 되려고 하지 마십시오. 나보다 더 뛰어나고 위대하다고 생각되는 자를 시기하지 마십시오. 다른 사람과 비교하는 것만큼 불행한 일은 없습니다. 초대교회의 아나니아와 삽비라의 문제는 모든 것을 팔아 헌금한 바나바를 시기했기 때문에 발생했습니다.

우리를 낙심하게 만드는 또 다른 원인은 선을 행하다가 낙심하게 되는 것입니다. 마귀는 선을 행하는 자들을 낙심하게 만듭니다.

믿지 않는 가정에서 혼자 믿으며 가족들을 전도해 보려 하지만 완강한 가족들의 반대에 밀려 낙심하게 됩니다. 아무런 변화를 일으키지 못하는 것 같아 낙심할 때 마귀는 그냥 집어치우라고 속삭입니다.

스가랴 4장은 바벨론 포로 생활에서 돌아와 성전을 재건하려는 백성들의 노력이 너무나 작은 것처럼 보여 낙심해 스스로 멸시하는 이들이 있었음을 보여 줍니다.

시작이 초라하다고 하찮게 여기는 사람이 누구냐?(슥 4:10)

하나님의 일 가운데 어떤 것은 매우 작습니다. 그러나 그것이 선한 일이라면 하나님의 일입니다.

선한 일을 하다가 낙심하지 맙시다. 포기하지 않으면 때가 이르면 거두게 될 것입니다(갈 6:9).

예수님은 항상 기도하고 낙망치 말아야 할 것을 말씀하셨습니다. 기도할 때 다가오는 마귀의 계략이 낙심하게 하는 것입니다. 낙심될 때마다 하나님의 얼굴을 구하십시오. 눈을 들어 하나님을 바라보십시오.

여호와를 바라는 사람들은 새로운 힘을 얻을 것이다. 독수리가 날개를 치면서 솟구치듯 올라갈 것이고 아무리 달려도 지치지 않고 아무리 걸어도 피곤하지 않을 것이다(사 40:31).

마틴 로이드 존스는 "참된 그리스도인은 낙심하고 침체될 권리가 없다"고 말했습니다. 우리는 낙심하지 않고 하나님을 앙망함으로 날마다 새 힘을 얻어야 합니다.

그리스도 안에 거하라

우리에게는 사탄의 계략을 분별할 수 있는 능력이 없습니다. 세상에서 얻을 수 있는 것도 아닙니다. 이는 오직 성령 안에서 깨어 기도할 때만 주어지는 것입니다. 때문에 그리스도 안에 거하는 사람만이 사탄의 어떠한 계략이든 분별하고 이겨 낼 수 있습니다.

우리는 주 안에서, 주의 힘의 능력으로 강건해져야 합니다. 대적하는 마귀가 아무리 날뛰며 공격해 와도 그리스도가 내 안에, 내가 그리스도 안에 거하는 자들은 결코 무너뜨릴 수 없다는 확신을 가지고 담대하게 마귀를 대적해서 승리해야 할 것입니다.

예수님을 믿는 것은
예수님과 나를 연합하게 하는 것입니다.
예수님과의 연합을 경험하지 않고는
하나님이 주시는 구원을 경험할 수 없습니다.

4

십자가 승리의
참여자

하나님과 온전히 교통하며 성령을 따라
행할 수 있는 유일한 길은 '주 안에서,
주의 힘의 능력으로' 강건해지는 것입니다.

우리는 악한 사탄과의 영적 전쟁에서 싸우는 중입니다. 악이 완전하신 하나님의 심판을 받을 때까지는 결코 끝나지 않는 싸움입니다. 이는 우리가 중단할 수 있는 싸움도 아니고, 피할 수 있는 싸움도 아닙니다. 이 싸움을 피하면서 평화를 누리겠다는 것은 사탄의 종이 되기를 자처하는 것일 뿐입니다. 구원받은 성도들은 삶 속에서 악한 자의 힘과 공격을 느끼고 자신이 얻은 자유를 지키기 위해 언제, 어디서, 무엇을 하든지 이들과 지속적으로 싸워야 한다는 것을 절실히 깨달은 사람들입니다.

우리를 공격하는 악한 사탄은 매우 교활한 능력을 가지고 있습니다. 자신의 악을 결코 있는 그대로 드러내지 않습니다. 우리는 악에 대해 제한된 지식만을 가지고 있기 때문에, 나타난 것이 악하게 보일 때만 사탄의 유혹과 공격으로 인식하고 선으로 나타날 때는 깨닫지 못합니다. 그런데 더욱 교활한 공격일수록 광명의 천사로 가장합니다. 겉으로 볼 때 선으로 나타난 것이 실제로는 악일 수 있습니다. 빛의 옷을 입었으나 실제는 어둠이며, 도움처럼 다가오나 실제로는 장해물일 수 있습니다. 사탄이 뱀의 모습으로 아담과 하와를 유혹할 때 그는 대적자가 아니라 돕는 자의 모습으로 나타났습니다. 세상의 지식과 경험으로는 이러한 것들을 분별할 수 없습니다. 이는 오직 성령 안에서 기도함으로써만 분별할 수 있습니다. 본문 18절에서 "모든 기도와 간구로 항상 성령 안에서 기도하고 이를 위해 늘 깨어" 있으라고 말씀하시는 이유가 여기에 있습니다.

분별했다면 대적할 능력이 있어야 합니다. 그래서 '영의 강건함'이 필요합니다.

마지막으로 여러분은 주 안에서 그리고 주의 힘의 능력으로 강건해지십시오(엡 6:10).

악한 영들의 목표는 성도들의 영을 무기력하게 만들어 대항하지 못하게 만드는 것입니다. 악한 영들은 우리의 영을 무기력하게 만듭니다. 그래서 하나님과 멀어지게 합니다. 성령의 인도하심에서 이탈하게 합니다. 우리에게 주신 구원과 놀라운 축복, 하나님의 계획으로부터 벗어나게 하는 것입니다. 베드로후서 1장 5절은 '믿음에 덕을 더하라'고 말씀합니다. '덕'은 '영혼의 힘'을 의미하고, '더하라'는 것은 '충분히 훈련하라'는 의미입니다. 무슨 말입니까? 영이 무기력해지지 않고 성령을 따라 행할 수 있도록 훈련하라는 것입니다.

연합함으로 누리는 기쁨

우리는 자신의 영의 상태를 읽을 수 있어야 합니다. 자신의 영이 하나님과 교제하지 못하게 하는 모든 악한 영들을 대적하고 성령을 따라 행하도록 훈련해야 합니다. 우리의 영이 악한 자의 공격을 대적하고 하나님과 온전히 교통하며 성령을 따라 행할 수 있는 유일한 길은 '주 안에서, 주의 힘의 능력으로' 강건해지는 것입니다. 다른 길은 없습니다. 주 안에서 강건해지는 것이 유일한 길입니다.

본문 10절의 '마지막으로'라는 단어는 '결론적으로'라는 의미입니다. 이는 에베소서 전체 말씀을 정리하는 것입니다. 에베소서에서 가장 많이 반복되는 단어는 '그리스도 안에서', '주 안에서'입니다. 그리스도인의 정체성은 그리스도와 어떤 관계를 맺고 있는가, 그리고 그리스도 안에 거하는 삶을 살고 있는가로 확인할 수 있습니다.

에베소서의 주제는 '하나님이 인간을 살리기 위해 택하신 구원의 방법은 그리스도와 함께 십자가에서 죽게 하고 그리스도와 연합해서 다시 살리는 것'입니다. 에베소서 2장 5-6절은 "허물로 죽은 우리를 그리스도와 함께 살리셨습니다 … 그리스도 예수 안에서 함께 일으키시고 함께 하늘에 앉히셨습니다"라고 말씀합니다. 예수 그리스도를 믿는 순간 그분이 죽으셨을 때 우리도 함께 죽었고, 그분이 부활하셨을 때 우리도 함께 부활했고, 그분이 승천하셨을 때 우리도 함께 승천했고, 그분이 하나님 보좌 우편에 앉으셨을 때 우리도 함께 하늘에 앉은 자가 되는 것이 구원입니다.

2천 년 전 예수님의 십자가의 죽음에 우리가 어떻게 함께 죽을 수 있습니까? 이것은 믿음의 신비입니다. 믿음이란 과거에 일어난 사건과 우리를 연합하게 합니다. 미래에 일어날 사건과도 우리를 연합하게 합니다. 예수님을 믿는 것은 예수님과 나를 연합하게 하는 것입니다. 예수님과의 연합을 경험하지 않고는 하나님이 주시는 구원을 경험할 수 없습니다. 영적 전쟁의 승리의 비결은 단 하나, 예수 그리스도와 연합하는 것입니다.

에베소서와 마찬가지로 로마서 6장도 구원의 역사는 예수 그리스도와의 연합을 통해 이루어짐을 말씀합니다. 그런데 에베소서와 로마서에 나오는 그리스도와의 연합의 강조점이 약간 다릅니다. 로마서에서는 그리스도의 죽으심과의 연합에 강조를 둡니다. 반면 에베소서에서는 그리스도의 부활과의 연합에 강조를 둡니다. 그리스도의 죽으심을 전제로 하고 부활부터 시작한 것입니다. 또한 부활과의 연합으로 끝나지 않고 그 이후에 함께 일으킴을 받아 함께 하늘에 앉혀지는 것으로 나아가기 때문입니다.

또 하나의 다른 강조점은 시제입니다. 로마서에서는 그리스도와 연합해서 부활하는 것에 미래 시제를 사용했습니다. 요한계시록에서도 함께 보좌에 앉는 것을 미래 시제로 말씀합니다. 그런데 에베소서에서는 그리스도와 연합된 부활에 과거 시제를 사용했고, 그리스도와 함께 하늘에 앉힘을 받는 것에는 완료 시제를 사용해서 이미 이루어진 것으로 설명했습니다. 그리스도의 부활과의 연합도 과거의 일이 되고, 몸이 아직 이 세상에 있음에도 불구하고 그리스도와 함께 하늘에 앉게 되는 연합도 완료된 것으로 보고 있는 것입니다. 이는 매우 의도적인 것으로, 사도 바울의 그리스도와의 연합에 대한 이해가 더욱 깊어졌음을 보여 줍니다. 미래에 일어날 일을 이미 이루어진 과거의 사건으로 표현하는 것은 확실한 믿음이 있어야만 가능한 고백입니다.

바울은 우리의 '행실의 변화'가 있기 이전에 존재하는 '신분의 변화'를 이야기하는 것입니다. 우리는 행실을 바꾸어 구원받는 것이 아니라, 구원받았기에 행실이 변화되는 것입니다. 비록 우리가 다 체험하지 못하고 있을지라도 그리스도를 믿는 믿음 안에서 경험할 수 있도록 약속된 신분의 변화입니다. 주 안에 거한다는 것은 이러한 신분에 합당한 삶으로의 변화를 경험하는 것입니다.

에베소서의 두 가지 주제는 '주 안에 거하고, 주 안에서 행하는 것'입니다. 주 안에서 강건해진다는 것은 그리스도의 죽으심과 부활을 통해 이루신 승리가 그리스도와 연합된 우리에게도 보장되었기에 이 보장된 승리를 자신의 것으로 체험할 수 있도록 훈련되어진다는 것입니다. 우리는 승리를 위해 싸우는 것이 아니라 주 안에서 승리한 상태에서 싸우는 것입니다. 우리가 사탄을 이기는 것이 아니라, 사탄을 이기신 그리스도 안에서 그 승리를 함께 누리는 것입니다. 성경 전체는 사탄을 이기고 정복하신 그리스도에 대한 약속과 증거입니다.

뱀의 후손 vs. 여자의 후손

하나님은 인간이 타락한 직후에 인간을 자기편으로 만들려고 했던 사탄에게 말씀하셨습니다.

내가 너로 여자와 원수가 되게 하고 네 후손도 여자의 후손과 원수가 되게 하리니 여자의 후손은 네 머리를 상하게 할 것이요 너는 그의 발꿈치를 상하게 할 것이니라 하시고(창 3:15, 개역개정 성경).

위의 말씀에는 세 단계에 걸친 갈등과 전쟁의 역사가 담겨 있습니다. 첫 번째 단계는, 뱀과 여자가 원수가 되어 싸우는 단계입니다. 두 번째 단계는, 뱀의 후손들과 여자의 후손들이 싸우는 단계입니다. 세 번째 단계는, 여자의 후손과 뱀이 싸우는 단계입니다. 세 단계 모두 갈등과 전쟁의 관계로 이어집니다. 이 갈등과 전쟁을 일으키는 분은 바로 하나님이십니다.

첫 번째 단계에서 하나님은 뱀과 여자가 원수가 되게 하셨습니다. 하나님은 "내가 너로 … 원수가 되게 하고"라고 말씀하셨습니다. 하나님이 사탄과 인간 사이에 갈등과 미움을 일으켜서 원수 관계로 만드신다는 것입니다. 인간을 자기편으로 만들려는 사탄의 계획을 차단하기 위해 둘 사이에 갈등을 일으키신 것입니다. 사람들의 마음속에는 악에 대한 미움이 존재합니다. 악을 함께 모의하고 실행한 사람들은 결국 갈등으로 끝납니다. 영적 전쟁은 하나님이 시작하신 선한 전쟁입니다. 사탄과 끊임없이 적이 되어 싸우며 사는 삶이 그리스도인의 삶입니다.

두 번째 단계에서 하나님은 뱀의 후손들과 여자의 후손들이 싸우게 하셨습니다. 하나님은 "네 후손도 여자의 후손과 원수가 되게 하리니"라고 말씀하셨습니다. 이는 사탄의 후손과 여자의 후손들 간의 전쟁입니다. 여기서 사탄의 후손이란 누구를 가리키는 것입니까? 사실 사탄에게는 후손이 없습니다. 아담과 하와의 후손 중에서 사탄의 종이 된 사람들이 경건한 후손들과 갈등과 전쟁을 일으킬 것을 말씀하고 있는 것입니다. 창세기 4장에는 형제인 가인이 아벨을 미워해서 살인하는 사건이 나옵니다. 가인과 아벨은 서로 싸우는 두 후손을 대표합니다. 첫 번째 아들은 사탄의 후손으로 나타났습니다. 그리고 시간이 흘러갈수록 가인의 후손들의 죄는 심해졌습니다. 이미 창세기 시대부터 인류 안에 두 부류의 다른 후손들이 대조되어 일어나는데, 이것이 전 인류 역사를 따라 흐르게 된 것입니다.

세 번째 단계에서 하나님은 여자의 후손과 뱀이 싸우게 하셨습니다. 전쟁이 다시 일대일의 대결 구도로 돌아왔습니다. 이는 사탄과 여자의 후손과의 전쟁입니다. 하나님은 "여자의 후손은 네 머리를 상하게 할 것이요 너는 그의 발꿈치를 상하게 할 것이니라"고 말씀하셨습니다. 이 말씀은 사탄의 머리를 상하게 할 여자의 후손을 예언하고 있습니다. 하나님은 사탄을 진멸하는 방법으로 여자의 후손을 사용하겠다고 하셨습니다. 그분은 예수 그리스도이십니다. 여자의 후손으로 오시는 메시아는 사탄을 멸하러 오시는 분입니다.

구약 역사에 나오는 전쟁 이야기는 바로 아브라함의 후손인 이스라엘 민족을 통해 태어날 여자의 후손을 제거하려는 사탄의 끊임없는 추적과 활동 때문입니다. 예수님이 태어나셨을 때 사탄은 헤롯 왕의 질투심을 부추겨 베들레헴에서 태어난 두 살 아래의 모든 아기를 다 죽이도록 했습니다. 이 때문에 수천 명의 아기들이 대학살되었습니다. 예수님이 성장하시는 과정에서는 인간이 겪는 모든 유혹과 시험으로 예수님을 유혹했습니다. 또한 예수님은 성장해서 어른이 되기까지 보통 사람들이 겪는 모든 유혹과 위험과 시험을 다 당하셔야 했습니다. 하지만 예수님은 이를 이겨내셨습니다.

예수님은 수동적으로 공격만 받고 계시지 않았습니다. 예수님은 가시는 곳곳마다 사탄의 나라를 뒤엎으셨습니다. 마귀에게 눌린 자들을 고치시고, 사탄에게 매여 있는 이들을 풀어 주셨습니다. 포로 되고 눌린 자들에게 자유를 선포하셨습니다. 어두움과 죽음의 그늘에 앉은 자들에게 빛을 비추어 주셨습니다.

사탄은 마침내 유대 지도자들과 어리석은 사람들을 통해 예수님을 십자가에 못 박고 자신이 이겼다고 자축했습니다. 유대 지도자들을 선동하고 유다로 배반하게 하고 빌라도를 이용하고 군병들을 부추겼지만, 부활하신 예수님에게는 패배가 아니라 단지 상처에 불과했습니다. 예수님은 사탄이 자신의 발꿈치를 물게 하심으로써 도리어 사탄의 머리를 부숴 버리셨습니다. 발꿈치를 물고 있는 뱀의 머리를 내려치신 것입니다. 해머를 들고 있는 사람의 발꿈치를 꽉 물고 있는 뱀은 자살 행위를 한 것과 마찬가지입니다. 예수님을 제거하려고 십자가로 끌고 갔던 사탄은 그 자리에서 철저하게 패배하고 말았습니다. 뱀의 머리를 상하게 하셨다는 것은 사탄의 권세를 무너뜨리셨다는 것입니다. 예수님은 십자가에서 사탄의 권세를 무력화시키셨습니다.

십자가로 이루신 승리에 동참하라

하나님께서는 우리를 거슬러 대적하는 조문들이 담긴 채무 증서를 제거하시고 그것을 십자가에 못 박아 우리 가운데서 없애 버리셨습니다. 또한 십자가로 권력들과 권세들을 무장 해제시키시고 그들을 공개적인 구경거리가 되게 하셨습니다(골 2:14-15).

십자가는 영적 전쟁에서 가장 중요하고 중심이 되는 싸움입니다. 이 십자가의 싸움이 필요했던 이유가 무엇입니까?

첫째는, 우리를 대적하는 율법을 무효화하기 위해서입니다. 그리스도의 십자가는 우리를 대적하는 율법을 무효화했습니다. 사탄은 율법을 이용해서 우리를 대적합니다. 사탄은 한 가지 거짓말을 하기 위해 수많은 진리를 이용합니다. 율법의 목적을 거짓되게 사용합니다. 율법을 이용해서 인간의 영광을 만드는 율법주의를 만듭니다. 하지만 그리스도의 십자가는 율법을 완성하고 폐했습니다.

예수님의 "다 이루었다"는 말씀은 '다 갚았다'는 뜻입니다. 예수님의 십자가 사건은 우리가 갚아야 할 빚을 다 갚은 사건입니다. 우리는 더 이상 율법 앞에 설 필요가 없게 되었습니다. 우리를 대적하는 채무 증서를 찢어 버리셨기 때문입니다. 사탄은 우리를 정죄할 도구를 잃어버린 것입니다.

십자가의 고난과 죽음은 죄로 인한 고난이 아니었습니다. 예수님은 죄 없는 죄인이셨습니다. 예수님은 손과 발이 못 박히고 십자가가 세워진 바로 그 순간 하나님의 율법을 범한 자가 되었습니다. 죄인이 되셨고, 저주받은 자가 되셨습니다. 하나님은 저주받은 그분을 버리지 않으실 수 없었습니다. 그리스도 안에 있는 하나님의 사랑이 자신을 대속물로 주어 하나님의 공의에 대한 대가를 지불하게 한 것입니다.

둘째는, 사탄을 무장 해제시키심으로 그가 실제로는 거짓된 허풍쟁이에 불과하다는 것을 온 우주에 드러내시기 위해서입니다. 십자가는 사탄의 활동과 거짓이 공허한 것임을 증거했습니다. 사탄은 하나님처럼 높아지려고 했습니다. 그러나 하나님은 그를 음부, 곧 구덩이 맨 밑에 빠지게 하셨습니다(사 14:13-15 참조). 사탄이 처음 반역했을 때 하나님은 그에게 주어진 능력과 권세들을 바로 빼앗지 않으셨습니다. 그리스도를 통해서 사탄을 무장 해제시키는 십자가를 기다리고 계셨던 것입니다. 그것이 사탄에게는 더 부끄럽고, 자신의 죄가 공개적인 구경거리가 되며 하나님의 영광이 나타나는 일이기 때문입니다. 하나님의 아들 그리스도의 십자가에서 사탄은 패배했고, 하나님은 승리하셨습니다. 우리가 바로 그 승리의 증거입니다.

> 그러나 우리로 그리스도 안에서 항상 승리하게 하시며 우리를 통해서 모든 장소에서 그리스도를 아는 냄새를 나타낼 수 있게 하시는 하나님께 감사를 드립니다(고후 2:14).

'우리로 그리스도 안에서 항상 승리하게 하시며'라는 말씀은 '우리로 그리스도의 승리의 행진에 포로로 함께 묶여 있게 하시고'라는 의미로 해석될 수 있습니다. 옛 로마 장군들은 전쟁에서 승리하고 돌아올 때 뒤에 포로들을 끌고 왔습니다. 이 포로들은 로마 장군들이 성취한 위대한 승리를 모든 사람들에게 보여 주는 증거였습니다. 바울은 그리스도의 승리의 행진을 바로 이러한 관점에서 보고 있습니다. 그는 위의 말씀을 통해 그리스도가 원수를 이기고 승리하신 그 전리품이 바로 우리임을 고백하고 있는 것입니다.

주님이 영광의 자리에서 십자가까지 낮아지심으로 완전한 승리가 얻어졌지만 주님은 음부의 영역까지 한 번 더 낮아지셨습니다. 사도신경의 생략된 내용 중에 '그가 음부로 내려가셨으며'라는 부분이 있습니다. 오늘날에는 편집자들에 의해 삭제되었지만 초대교회 성도들이 이 내용을 고백한 것은, 그들이 그리스도가 십자가에서 죽으심으로써 얻으신 승리의 본질을 잘 이해했기 때문입니다. 그리스도가 음부에 내려가신 것은 모든 영적 세계에 그리스도의 승리를 선포하고, 그 승리를 통해 권위를 보여 주시기 위함이었습니다.

죽음에 대한 승리가 완성되었다는 것을 온 우주에 나타내시기 위해서 주님은 부활하실 때 바로 그 흙 속까지 침노하셔서 택한 자들의 무리를 이끌고 나오시어 그들에게 부활의 몸을 주셨습니다.

무덤들이 열렸고 잠자던 많은 성도들의 몸이 살아났습니다. 그들은 예수께서 부활하신 후에 무덤에서 나와 거룩한 성에 들어가 많은 사람들에게 나타났습니다(마 27:52-53).

이스라엘에서 지켜지던 초실절이라는 절기가 여기서 완성되었습니다. 부활하시던 날 주님은 땅의 무덤들에 들어가 한 단을 취해 하나님에게 드리신 것입니다. 예수님의 십자가의 죽음은 사망의 세력을 잡은 자, 곧 마귀를 멸망시켰습니다. 그들을 무력하게 하고 쓸

모없게 만드셨습니다. 사탄에게서 사망의 열쇠를 빼앗으심으로 해방을 선포하셨습니다.

두려워하지 마라. 나는 처음이요 마지막이다. 나는 살아 있는 자다. 나는 죽었으나 보라, 나는 영원토록 살아 있는 자니 나는 죽음과 음부의 열쇠들을 가지고 있다(계 1:17-18).

우리가 싸우는 영적 전쟁은 사망과 음부의 열쇠를 가지신 그리스도 안에서 이미 이루신 승리의 깃발 아래 싸우는 것입니다. 우리에게는 이러한 승리의 약속이 주어져 있습니다. 주 안에 있는 그리스도인에게는 사탄을 짓밟을 수 있는 영적 권세가 있습니다.

평강의 하나님께서 속히 사탄을 여러분의 발아래서 짓밟히게 하실 것입니다(롬 16:20).

예수님이 우리를 위해 승리하신 후 예수 이름의 권세를 주셨기 때문입니다. 그것은 우리가 얼마나 유능하고 똑똑하냐의 문제가 아니라, 우리 안에 예수님의 이름의 권세가 있느냐의 문제입니다.

길을 가다 보면 차가 꽉 막혀 있는 경우를 봅니다. 경찰관 한 사람이 차가 가지 못하게 막고 있는 것입니다. 가지 못하고 있는 모든 사람들이 힘을 합하면 경찰관 한 사람쯤이야 해치우고 지나갈 수 있는데, 모두가 힘없이 그냥 가만히 서 있습니다. 이게 바로 권세입니다. 아무 무기도 없고 힘도 없지만 경찰관이라는 그의 신분 때문에, 국가가 부여한 권세 때문에 수많은 사람들이 복종하는 것입니다.

우리에게도 동일한 권세가 있습니다. 그 동일한 권세를 가진 우리는 그리스도 안에 거하고 그 힘의 능력으로 강건해져서 그리스도 안에 있는 승리의 권세를 사용해 날마다 사탄을 발로 밟는 승리의 삶을 살아야 합니다.

2부

예수 그리스도의
전신갑주

진리를 붙잡고 있는 사람은 반드시 승리합니다.
그러나 우리가 붙잡고 있는 것이 진리가 아니라면,
우리는 승리할 수 없습니다.

1

진리의
허리띠

진리란 무엇입니까? 예수 그리스도의 복음입니다.
인간을 창조하고 구원하시는 하나님이
그리스도를 통해 주시는 하나님의 길입니다.

세계사에서 로마 제국의 흥망성쇠 이야기는 흥미로운 역사 중 하나입니다. 강력한 군사력을 바탕으로 150년 동안 '팍스 로마나'(Pax Romana), 곧 '로마의 평화'를 누렸던 그들은 왜 몰락한 것일까요? 역사가들이 여러 원인을 지적하지만 공통적으로 지적되는 중요한 원인은 '팍스 로마나' 그 자체라는 것입니다. 로마인들은 오랜 평화 속에서 나태해졌습니다. 그리고 그 나태함은 로마 제국 군대의 나태함으로 나타났습니다. 로마 시민들이 더 이상 군인이 되기를 꺼렸기에 게르만 용병을 써야 했고, 군인들은 전쟁도 나지 않는데 왜 무거운 갑옷을 입어야 하느냐며 '갑옷 없는 군대'를 요구했다고 합니다. 싸워야 할 군인이 평화가 지속된다고, 갑옷이 무거워 벗겠다고 한 그것이 한 나라의 멸망의 전조였음을 알 수 있습니다.

영적 전쟁에 있어서도 마찬가지입니다. 갑옷이 무겁다고 거부하는 군인은 전쟁에서 승리할 수 없듯이, 영적 갑옷 입기를 싫어하는 성도는 영적 전쟁에서 승리할 수 없습니다. 구약 시대에 거짓 선지자들은 '거짓 평화'를 외쳤습니다. '평안하다, 평안하다' 외쳤지만 그것은 인간의 현실과 문제를 덮으려는 위장된 평화였습니다. 사탄이 거짓 평화로 문제를 덮고 사람들이 계속 어둠 속에 머물도록 속였던 것입니다. 시간이 흐를수록 역사는 더욱 발전하며 사람들은 더 행복해질 것이라는 생각은 사탄의 속임수요, 어리석은 낙관론입니다. 선하신 하나님을 대적하며 죄 가운데 있는 인간이 악한 사탄의 영향력으로부터 벗어나지 않고는 진정한 평화를 누릴 수 없습니다. 진정한 평화는 거짓으로 하나님의 뜻에서 벗어나도록 하는 악한 영과 싸워 이길 때만 누릴 수 있습니다.

승리하기 위해 우리는 강해져야 합니다. 스스로의 힘으로 강해지는 것으로는 승리할 수 없습니다. 주 안에서, 주의 힘의 능력으로 강해져야 합니다. 믿음으로 그리스도와 연합할 때 그리스도와 함께, 그리스도 안에서 우리에게 주어진 하나님의 능력으로 강건해져야 합니다.

예수 그리스도로 옷 입으라

본문은 승리하기 위해 하나님의 전신갑주를 입으라고 말씀합니다. 이 말씀을 두 번 반복해서 강조한 것을 주의해야 합니다.

마귀의 계략에 대적해 설 수 있도록 하나님의 전신갑주를 입으십시오 (엡 6:11).

그러므로 하나님의 전신갑주를 입으십시오. 이는 여러분이 악한 날에 능히 대적하고 모든 것을 행한 후에 굳건히 서기 위한 것입니다(엡 6:13).

이것은 하나님의 전신갑주, 곧 하나님이 준비해 주시는 전신갑주입니다. 영적 전쟁에서 인간의 아이디어로 만들어진 다른 어떤 무기들은 효과가 없습니다. 우리를 보호하기 위해 하나님이 준비해 주신 것으로만 승리할 수 있습니다.

사도 바울이 성령님으로부터 영적 전쟁에 대한 하나님의 계시를 받았을 때 그는 로마 군인들의 갑옷을 떠올려 생각했을 것이 분명합니다. 바울은 여러 번 감옥에 갇혔고, 또 호송당하기도 했습니다. 그는 많은 시간을 로마 군인들과 함께 보내면서 그들이 입고 있는 갑옷을 유심히 관찰했을 것입니다. 그 갑옷은 몸 전체를 보호할 수 있는 장비들이었습니다. 바울이 이를 통해 말하고자 하는 것은,

하나님의 전신갑주는 우리의 몸만이 아니라 영과 혼과 몸 전체를 보호해 주는 완벽한 갑옷이라는 것입니다. 전인격적인 영역에서 우리가 강건해지도록 해 주는 갑옷이라는 것입니다.

그러므로 여러분은 굳건히 서서 진리로 허리띠를 띠고 의의 가슴받이를 붙이고 예비한 평화의 복음의 신을 신고 모든 일에 믿음의 방패를 가지고 이것으로 악한 자의 모든 불화살을 소멸시키며 구원의 투구와 성령의 검, 곧 하나님의 말씀으로 무장하십시오(엡 6:14-17).

하나님의 전신갑주로 소개되는 여섯 가지 장비들은 모두 예수님의 본성과 사역에 연관되는 것들입니다. 누가 진리이십니까?(진리의 허리띠) 무엇이 우리의 의입니까?(의의 가슴받이) 무엇이 복음입니까?(평화의 복음의 신) 무엇이 우리 믿음의 근거와 내용이 됩니까?(믿음의 방패) 우리 구원의 근거가 되시는 분은 누구십니까?(구원의 투구) 말씀이 육신이 되어 우리 가운데 오신 분은 누구십니까?(성령의 검, 하나님의 말씀) 이 모든 질문에 대한 답은 예수 그리스도십니다. 예수 그리스도, 그분이 바로 하나님의 전신갑주입니다. 예수님이 이루신 일, 우리를 위해 행하신 역사, 예수 그리스도 안에서 우리에게 베풀어 주신 하나님의 은혜, 주어진 약속, 이 모든 것이 하나님의 전신갑주로 비유되고 있습니다. 따라서 하나님의 전신갑주는 주 예수 그리스도로 옷 입는 것입니다.

오직 주 예수 그리스도로 옷 입고 정욕을 채우려고 육신의 일을 애쓰지
마십시오(롬 13:14).

이는 우리가 예수님을 믿을 때 예수님 안에서 은혜로 얻게 되는
것들이요, 그리스도와 연합될 때 우리 안에 임하시는 하나님의 능
력입니다. 그러므로 이 갑옷은 예수 그리스도의 복음에 대한 깨달
음과 적용이라는 것을 알 수 있습니다. 하나님의 전신갑주는 그리
스도 안에 있는 자에게만 입혀질 수 있는, 그리스도 안에 있는 자들
을 강하게 만드는 장비인 것입니다.

이제 바울이 제시한 여섯 가지 전투 장비들을 순서에 따라 하
나씩 살펴보겠습니다. 바울이 로마 군인들의 갑옷의 장비를 제시
할 때 언급한 순서는 매우 중요합니다. 이는 바울이 마음 내키는 대
로 기록한 것이 아닙니다. 처음 세 가지, 곧 허리띠와 가슴받이와 신
발은 군인의 몸에 부착해야 하는 것들입니다. 이 장비들은 전쟁 중
이든 휴식 중이든 언제든지 부착하고 있어야 하는 기본 장비들입니
다. 그리고 나머지 세 가지, 곧 방패와 투구와 검은 필요에 따라 취
해서 사용되는 장비들입니다. 예수님은 요한복음 15장에서 '내가
너희 안에, 너희가 내 안에'라고 말씀하셨는데, 이 말씀에 적용하면

우리가 그리스도 안에 있을 때 얻게 되는 것이 처음의 세 가지 장비들(진리의 허리띠, 의의 가슴받이, 평화의 복음의 신)입니다. 그리고 그리스도가 우리 안에 계실 때 얻게 되는 것이 나머지 세 가지 장비들(믿음의 방패, 구원의 투구, 성령의 검)이라고 비유할 수 있습니다.

영적 전쟁, 진리의 싸움

이 장에서는 먼저 진리의 허리띠에 대해 살펴보려 합니다. 군인에게 있어서 허리띠는 장식품이 아닙니다. 허리띠는 모든 옷과 장비들을 견고하게 매 주는 역할을 합니다. 허리띠를 맨다는 것은 또한 어떤 상황에도 대처할 수 있는 준비된 상태를 의미합니다. 허리가 우리 몸의 중심부인 것처럼, 진리는 하나님의 전신갑주의 가장 중요한 중심부입니다.

영적 전쟁은 진리를 붙잡느냐 놓치느냐의 싸움입니다. 나의 삶을 움직이는 원리가 진리냐 아니냐의 싸움입니다. 진리를 붙잡고 있는 사람은 반드시 승리합니다. 그러나 우리가 붙잡고 있는 것이 진리가 아니라면, 우리는 승리할 수 없습니다. 삶을 진리 위에 세우지 않으면 우리는 싸움에서 지고 말 것입니다. 사탄의 무서운 계략은 거짓말을 진리처럼 믿게 하는 것입니다. 삶이 불행한 이유는 진리처럼 믿고 의지하며 사는 것이 진리가 아닌 거짓이기 때문입니다.

사탄은 본질적으로 속이는 자입니다. 그는 처음부터 거짓말하는 자였고 또 거짓의 아버지라고 예수님은 말씀하셨습니다(요 8:44 참조). 사탄은 100퍼센트 거짓말로 우리를 속이지 않습니다. 진리와 거짓말을 섞어서 자신의 거짓말을 전달합니다. 때로는 99퍼센트의 진리에 1퍼센트의 거짓을 섞어서 혼합시킵니다. 깨끗한 물에 얼마만큼의 독을 타야 독극물이 됩니까? 많은 양이 필요없습니다. 아주 소량을 타도 그것을 마셔서는 안 되는 것처럼, 99퍼센트가 진리여도 1퍼센트의 거짓말이 혼합되면 그것은 거짓말이 됩니다. 이처럼 사탄은 진리를 많이 포함하는 것처럼 보이면서 핵심적인 부분을 거짓으로 속이는 것입니다.

우리의 생각 속에 진리처럼 자리 잡고 있으나 실상은 거짓인 것을 분별해야 합니다. 사람들이 진리라고 믿고 사는 거짓들이 생각보다 많습니다. 몇 가지 경우를 살펴보겠습니다.

'하나님의 사랑을 받으려면 열심히 노력해야 한다.' 진리입니까, 거짓입니까? 인간의 사랑은 때로 노력에 따라 달라질 수 있습니다. 그래서 진리처럼 보입니다. 하지만 하나님의 진리는 아닙니다. 하나님은 우리의 존재 자체를 사랑하십니다. 하나님의 사랑은 우리의 노력으로 얻어 내는 것이 아닙니다.

'나는 완벽하지 않으면 실패한 것이다.' 진리입니까, 거짓입니까? 완벽주의는 이룰 수 없는 이상입니다. 자신의 기준을 하늘처럼 높이 세워 놓고 이를 성취하지 못하면 실패자요, 사회에서 용서받을 수 없는 죄인이라고 생각하는 것은 거짓입니다. 완벽하지 않은 성공도 많으며, 우리는 실패를 통해 배워 가는 것입니다.

'내가 이룬 성취가 나의 가치를 나타낸다.' 진리입니까, 거짓입니까? 성취는 우리를 평가하는 가치 기준이 아닙니다. 우리의 가치는 하나님과 어떤 관계를 맺고 있는가에 달려 있습니다.

'문제를 직면하는 것보다 회피하는 것이 낫다.' 진리입니까, 거짓입니까? 유명한 정신의학자 스콧 펙(M. Scott Pack)은 그의 책《아직도 가야 할 길》(율리시즈 역간)에서 이렇게 지적합니다.

"대부분의 사람들이 어떤 문제에 수반되는 고통에 대한 두려움 때문에 그 문제가 사라지기를 바라면서 피하려고 한다. 아무 문제가 없는 것처럼 행동하기도 한다. 이렇게 문제를 회피하고 그 문제 안에 내재되어 있는 정서적인 고통을 피하는 경향이 모든 정신질환의 주된 조건이다."

고통을 직면하지 않고 회피하려는 사람은 더 많은 고통을 만납니다.

'내가 불행한 것은 배우자를 잘못 만났기 때문이다.' 진리입니까, 거짓입니까? 결혼 생활이 순조롭지 못한 이유는 맞지 않는 사람을 만났기 때문이 아닙니다. 결혼은 서로 다른 사람이 만나 함께 만들어 가는 것입니다. 결혼 생활이 힘들다면 그것은 도리어 짝을 제대로 만났다는 증거입니다. 결혼 생활이 불행한 이유는 나를 행복하게 해 주는 배우자를 만나지 못했기 때문이 아니라, 서로를 통해 성장하고 변화하려 하지 않았기 때문입니다.

'그리스도가 내 안에 사신다. 그러므로 나는 내 자유 의지를 전혀 사용하지 말아야 한다.' 진리입니까, 거짓입니까? 그리스도가 내 안에 사신다고 내 자유 의지가 사라지는 것은 아닙니다. 오히려 그리스도가 내 안에 거하시도록 내 삶의 중심 자리를 내어 드리는 것은 나의 자유 의지가 해야 할 일입니다.

'예수의 피가 나를 깨끗케 하셨으므로 나는 죄 없는 상태가 된다.' 진리입니까, 거짓입니까? 거짓입니다. 죄가 사라지는 것이 아니라 예수님의 피가 순간순간 나의 죄를 깨끗케 하시는 것이므로 끊임없는 고백으로 십자가의 보혈을 의지해야 합니다.

거짓과의 전쟁을 선포하라

포스트모더니즘의 시대적 거짓말이 있습니다. 그것은 '세상에는 확실하게 진리라고 말할 수 있는 것은 아무것도 없다'는 것입니다. 진리라는 단어를 사용할지라도 모든 것은 상대적인 것에 불과하다는 것입니다. 진리는 고정되고 객관적인 것이 아니라 각 사람의 주관적인 판단에 따라 개인적으로 결정된다는 것입니다. 참으로 어처구

니없는 것은, 이렇게 '확실하게 진리라고 말할 수 있는 것은 아무것도 없다'는 이 주장과 명제만은 움직일 수 없는 '확실한 진리'라는 것입니다. 이 시대는 이러한 거짓말을 토대로 생겨난 수많은 거짓말들이 세상을 지배하고 있습니다. 불확실성이라는 교리만을 절대 진리라고 믿는 것입니다. 얼마나 큰 모순이요, 거짓말입니까!

이 시대 사람들은 착하게 살면 될 뿐 무엇을 믿는지는 중요하지 않다고 말합니다. 진리가 무엇인지 따질 필요 없이 그냥 각자가 믿고 싶은 대로 편하게 믿도록 해 주고 착하게 사는 것이 중요하다고 말합니다. 성경이 확실한 진리라고 말할 수 없다는 것입니다. 성경은 한 시대의 역사적 유물일 뿐, 오늘 이 시대의 성경은 우리가 직접 새로 만들어야 한다는 것입니다. 사탄의 거짓된 속임수입니다. 성경은 한 시대, 한 종교에 갇힌 경전이 아닙니다. 모든 시대, 모든 사람, 모든 역사의 객관적이고 완전한 기준이 되는 진리입니다. 성경은 여러 진리들 중 하나가 아닙니다. 인간의 모든 실재에 대한 유일한, 순전한, 확실한 진리입니다.

거짓과의 전쟁은 초대교회부터 있었습니다. 사도 바울은 거짓 사도와 속이는 일꾼들과 거짓에 대한 싸움에 매달렸습니다. 그리고 진리를 훼손한 수많은 이단들에 대항해서 교회는 사도신경과 수많은 고백서, 교리문답과 신조들을 만들었습니다. 이는 진리를 정의한 문서들입니다. 참되고 확실한 진리를 알고 붙잡지 않으면 사탄의 지배력에서 벗어날 수 없습니다.

모든 시대, 모든 사람들에게 적용되는 참되고 확실한 진리는 존재합니다. 모든 삶과 역사의 객관적 기준이 되는 완전한 진리가 있습니다. 모든 거짓의 분별 기준이 될 수 있는 순전한 진리가 있습니다. 프랜시스 쉐퍼(Francis A. Schaeffer)는 "기독교는 여러 가지 진리들(truth) 중의 하나가 아니라 대문자 T로 시작하는 진리(Truth)다. 종교적인 교리에만 제한되는 진리가 아니라 총체적 실재(Total reality)에 대한 진리이며 완전한 세계관이다"라고 말했습니다.

예수님은 아버지 하나님의 말씀이 진리라고 하셨고, 그 진리로 거룩해지게 해 달라고 기도하셨습니다. 예수님은 또한 그 진리가 우리를 자유롭게 한다고 하셨습니다.

그리고 너희는 진리를 알게 될 것이며 진리가 너희를 자유롭게 할 것이다(요 8:32).

무엇으로부터 자유롭게 됩니까? 사탄으로부터 자유롭게 되는 것입니다. 악으로부터 자유롭게 되는 것입니다. 그러므로 자유를 누리려면 진리를 알아야 합니다. 진리를 정보로서가 아니라 삶의 체험으로 알아야 합니다. 진리를 경험해야 한다는 것입니다. 곧 진리 안에 거하는 것이 사탄으로부터 자유를 누리는 길입니다.

사탄은 하나님으로부터 벗어나는 것이 자유라고 말합니다. 자신이 하고 싶은 대로 하는 것이 자유라고 거짓말한 것입니다. 이는 진리와 거짓을 섞은 혼합 사상입니다. 자유의 일부분을 전부로 속인 것입니다. 진정한 자유는 '~로부터(from) 벗어나는 것'만이 아니라 '~로(to) 향한 자유'까지를 포함합니다.

자유란 하고 싶은 대로 하는 것이 아니라 해야만 하는 것을 할 수 있는 힘입니다. 인간이 창조된 목적대로 하나님에게로 향해서 하나님을 사랑하며 사는 것이 자유인 것입니다. 해야 할 것을 기쁘게 하지 않은 사람은 하고 싶은 것을 하지 못하게 됩니다. 자유를 잃어버렸기 때문입니다. 예수님은 자유를 잃어버린 인간이 다시 자유를 얻을 수 있는 길을 말씀하셨습니다. 그것은 진리를 알고 진리에 순종하는 것입니다. 진리란 무엇입니까? 예수 그리스도의 복음입니다. 인간을 창조하고 구원하시는 하나님이 그리스도를 통해 주시는 하나님의 길입니다. 예수님은 내가 곧 길이요 진리요 생명이라고 말씀하셨습니다.

예수 그리스도는 우리를 사탄과 악으로부터 자유롭게 하는 진리이십니다. 예수 그리스도의 복음을 믿고 따른 우리 모두가 자유를 경험하지 않았습니까? 예수 그리스도의 복음이 진리이기에 우리 삶이 변화되지 않았습니까? 우리는 우리가 체험한 이 복음의 진리를 위한 전쟁으로 부르심을 받았습니다. 악한 사탄이 거짓과 속임으로 사람들이 진리를 듣지 못하도록 막는 견고한 진을 복음으로 무너뜨리도록 영적 군사로 부르심을 받은 것입니다. 복음의 진리로 허리띠를 매야 영적 전쟁에서 승리할 수 있습니다.

진리이신 그리스도 안에 거하라

예수님은 세상과 인간 존재의 처음과 마지막에 대한 모든 진리를 가르쳐 주셨습니다. 무엇이 진리입니까? 첫째, 인간은 하나님의 사랑으로 창조되었다는 것이 진리입니다. 둘째, 인간은 하나님에게 순종할 때 자유를 누린다는 것이 진리입니다. 셋째, 인간은 스스로 하나님을 떠나 죄의 종이 되었다는 것이 진리입니다. 넷째, 인간은 스스로 죄의 상태에서 결코 벗어날 수 없다는 것이 진리입니다. 다섯째, 하나님의 아들 예수 그리스도가 십자가에서 죽으신 사건이 바로 인간의 죄의 대가를 지불하신 사건이라는 것을 믿으면 죄의 종 된 상태로부터 벗어나게 된다는 것이 진리입니다. 여섯째, 예수 그리스도를 믿는 믿음 안에서 살아갈 때 참자유를 누릴 수 있다는 것이 진리입니다.

예수님은 모든 시대, 모든 사람에게 진리가 되시는 분입니다. 진리이신 그리스도 안에 내가 거하고 그리스도가 내 안에 거하시는 것이 자유를 누리는 삶입니다. 그래서 진리는 살아 있습니다. 진리는 시퍼렇게 살아 있습니다. 우리가 진리를 소유하고 우리가 진리에 의해 소유되지 않는 한 우리는 사탄과의 싸움에서 패배할 수밖에 없습니다. 진리이신 그리스도를 믿는 믿음과 그분에 대한 지식이 없다면 우리는 벌써 패배한 것과 다름없기 때문입니다.

다윗이 골리앗과 싸우러 나갈 때 사울이 자신의 갑옷을 주었지만 다윗은 이를 거절했습니다. 자신에게 맞지 않는 갑옷이었기 때문입니다. 인간적으로 보면 맞지 않아도 억지로라도 걸치는 것이 안전하다고 생각할지 모르지만, 다윗은 육신적인 갑옷을 벗고 하나님의 전신갑주를 입고 나갔습니다. 다윗은 그 싸움에 진리의 허리띠를 띠고 나갔습니다. 다윗이 허리띠로 삼은 진리는 골리앗에게 외친 음성에 담겨 있습니다.

너는 칼과 창과 단창으로 내게 나오지만 나는 만군의 여호와 … 하나님의 이름으로 네게 나간다(삼상 17:45).

다윗은 이러한 진리를 고백한 것입니다. '나는 이 싸움의 승리가 만군의 여호와에게 달려 있다고 믿는다. 자신의 칼과 창을 의지하는 자는 망한다. 오직 만군의 여호와를 의지하는 자가 승리할 것이다.'

하나님의 진리로 허리띠를 삼는 자가 영적 전쟁에서 승리하니다. 진리로 허리띠를 삼아 삶의 모든 생각과 판단이 진리에 근거하고, 진리에 매여 있고, 진리와 더불어 이루어질 수 있기를 기도하십시오. 진리이신 그리스도가 우리 안에서 이미 승리하셨기에 모든 전쟁에서 승리하게 될 것입니다.

사탄에게 이렇게 대항할 수 있는 이유는
'하나님의 의'란 나의 신실함이 아니라
'하나님의 신실하심'의 결과이기 때문입니다.

2
의의
가슴받이

우리가 그리스도를 믿을 때 믿는 자의 죄는
그리스도에게로 전가되고,
그리스도의 의로움은 믿는 자에게로 전가됩니다.

16세기에 일어난 종교 개혁은 역사가들에 의해서 '개혁'이라고 불리지만 실상은 엄청난 '영적 전쟁'이었습니다. 그것은 1세기 사도들의 믿음으로 되돌아가는 것이었습니다. 하나님의 역사를 훼방하는 사탄의 거짓말은 15세기 동안이나 성도들의 눈을 가리고 있었습니다. 그러나 사탄은 복음의 진리로 일하시는 하나님의 역사를 막지 못했습니다. 종교 개혁은 하나님의 승리였습니다.

하나님은 마틴 루터(Martin Luther)만이 아니라 수많은 사람들의 마음속에 음성을 들려주시며 그들에게 진리의 햇살을 비추어 주셨습니다. 그 진리는 '모든 죄인이 예수 그리스도의 은혜를 믿음으로 하나님에게 의롭다 함을 받는다'는 것입니다. 성경에 분명히 나타난 이 진리를 사탄은 어떻게 그렇게 오랫동안 사람들이 깨닫지 못하도록 숨길 수 있었을까요? 그리고 어떻게 지금까지도 많은 사람들이 깨닫지 못하도록 일하고 있는 것일까요? 인간이 스스로 인정하지 않고 잘 모르는 자아(self)를 사탄이 도구로 이용하기 때문입니다. 우리의 자아는 왜곡되고 분열되어 있습니다. 우리의 자아가 가장 온전할 때는 바로 하나님을 의지하고 순종할 때입니다. 타락한 자아는 이를 거부하고 사탄은 이를 이용해서 우리를 공격합니다.

사탄의 공격과 십자가로 이룬 승리

인간의 자아 안에 있는 세 가지 분열된 요소들이 사탄이 공격하는 중요한 통로가 됩니다. 첫째는, 자기 의존(Self-Reliance)입니다. 자기 의존은 죄의 증상입니다. 성경에서 말하는 죄는 잘못된 존재가 '되어 있는' 상태입니다. 잘못을 행했기 때문에 잘못된 존재가 되는 것이 아니라, 잘못된 존재의 상태이기에 잘못을 행하는 것입니다. 인간의 잘못된 상태는 하나님을 의존하도록 창조된 상태를 거부하고 스스로 자기를 의지하는 존재라고 선언하는 것입니다. 하나님 외에 스스로 존재할 수 있는 존재는 없습니다.

흔히 "너 자신을 믿고 한번 열심히 해 봐"라는 말을 합니다. 참 좋은 말인 듯 보이지만 죄의 전형적인 증상입니다. 사탄은 이렇게 자신을 의존하며 살아가는 자아를 이용해서 우리를 공격합니다. 자신의 업적과 활동에 의지해서 살아가게 하는 것입니다. 사탄은 자기를 의존하며 살아가는 자들을 반드시 공격합니다.

둘째는, 자기 의(Self-Righteousness)입니다. 인간의 실상을 제대로 깨닫지 못하게 하는 것이 도덕입니다. 도덕 자체는 선합니다. 하지만 도덕적으로 악한 죄를 지은 일이 없고 다른 사람들과 비교해서 자신이 도덕적으로 더 낫다고 여기는 사람이 스스로를 의롭다고 여기면서 도덕은 자기 의로 변합니다. 바리새인들의 경우가 그렇습니다. 그들은 겉으로 보기엔 좋은 사람이었습니다. 일주일에 두 번씩 금식하고, 율법에 흠이 없는 자로 사회 지도층으로서의 역할을 온전히 해냈습니다. 하지만 그들은 자기 의에 사로잡혀 그들 앞에 서 계신 진리이신 예수님을 보지 못했습니다. 더 나아가 그들은 예수님을 십자가에 못 박았습니다. 이처럼 자기 의는 복음을 가로막습니다. 신앙적으로는 어떻습니까? 이는 은연중에 내가 하나님의 은혜와 축복을 받을 자격이 있다고 생각하는 것으로 나타납니다. 사탄은 비교의식과 우월의식을 이용해서 우리를 공격합니다. 자기 의에 빠져 있는 사람은 결코 복음의 진리를 깨닫지 못합니다. 자기 의는 복음의 무서운 적입니다.

셋째는, 자책감(Self-Accusation)입니다. 죄를 범한 아담과 하와는 자신들이 무엇인가 잘못했다는 것을 알고는 나뭇잎으로 몸을 가리고 하나님을 피해 숨었습니다. 하나님이 심어 주신 양심이 작동한 것입니다. 양심은 좋은 것입니다. 하지만 사탄이 그 양심을 공격하면 하나님이 우리를 향해 가지신 마음을 넘어서 자책하게 만들 수도 있습니다. 하나님은 죄는 미워하시지만 죄인은 사랑하십니다. 하나님은 죄에 대해 가지신 미움 때문에 죄인들을 향한 사랑을 버리지 않으십니다.

죄는 미워해서 징벌하고 죄인은 사랑해서 구원하시는 방법이 십자가입니다. 하나님의 공의와 사랑은 십자가에서 하나가 됩니다. 타협은 전혀 없습니다. 공의가 사랑에 함몰된 것도 아니고, 사랑이 제외된 공의도 아닙니다. 그런데 사탄은 이 십자가의 복음을 가로막습니다. 사탄이 사용하는 것은 자책감입니다. 자신의 죄만 바라보며 자신을 정죄하는 상태에 초점을 맞추게 합니다. 하나님의 용서를 믿지 못하게 합니다. 십자가로 죄는 처벌하시되 죄인은 사랑하신 복음의 진리를 공격하는 것입니다. 이 진리를 믿지 못하게 하고 가리는 것이 사탄의 주요 전략입니다. 이 공격을 막아 내기 위해서는 우리 자신의 의가 아닌 하나님의 의가 필요합니다. 하나님이 친히 준비하고 덧입혀 주시는 의가 필요합니다.

하나님의 의, 위대한 교환

내가 가진 의는 율법에서 난 의가 아니요, 그리스도를 믿음으로써 얻는
의, 곧 믿음으로 인해 하나님께로서 난 의입니다(빌 3:9).

바울은 바리새인으로 매우 경건했고, 열심이 있었으며, 이것이
그의 자랑이었습니다. 그런데 사탄은 바로 그것을 통해 바울의 눈
을 어둡게 해 바울로 하여금 사탄에게 패배하게 했습니다. 바울 자
신의 의가 복음을 깨닫지 못하고 십자가의 진리를 이해하지 못하
게 한 것입니다. 예수 그리스도를 알고 난 후에 그는 그리스도를 믿
음으로써 얻는 의, 곧 하나님에게서 난 의를 받아들이게 되었습니
다. 그리스도를 믿음으로써 얻는 의란 그리스도의 완전한 의로우심
을 내가 한 것으로 계산하고 여기시며 그리스도의 의를 옷으로 입
혀 주신다는 것입니다. 그리고 하나님이 나를 의인이라고 여겨 주
시는 것입니다.

누군가에게 '당신은 어떻게 구원받았으며 그 구원을 어떻게 확
신하나요?'라는 질문을 던져 보면 그 사람의 신앙의 상태가 드러납
니다. '제가 좀 더 열심히 신앙생활해야죠'라고 대답하면 여전히 자
신의 의를 의지하고 있는 것입니다. 구원은 우리의 열심으로 받는
것이 아니라 오직 그리스도의 의로 받는다고 대응해야 합니다.

우리는 구원받았음에도 여전히 죄에 빠지기 쉽습니다. 옛 사람은 십자가에서 처리되었어도 옛 성품은 여전히 남아 있기 때문입니다. 우리가 죄에 빠졌을 때 사탄은 참소합니다. '너 같은 사람이 어떻게 믿는다고 말할 수 있어?' '너 같은 사람이 어떻게 하나님에게 기도할 수 있어?' '기도해 봤자 아무 소용없어. 너는 하나님에게 나아갈 아무런 권리가 없어. 그런 죄를 짓고 그런 실패를 하고 그런 불순종을 하면서 믿는 자라고 하는 게 말이 돼?' 이때 우리가 대응할 수 있는 것은 의의 가슴받이를 붙이고 믿음으로 얻는 의를 주장하는 길뿐입니다. '내가 믿는 것은 내 자신의 의로움이 아니라 나 같은 죄인을 살리신 그리스도의 의로움이다.'

하나님께서는 죄를 알지도 못하신 분에게 우리 대신 죄를 짊어지게 하셨습니다. 이는 우리로 그리스도 안에서 하나님의 의가 되게 하시려는 것입니다(고후 5:21).

마틴 루터가 '하나님의 의'를 설명할 때 사용한 '위대한 교환'(The Great Exchange)이라는 유명한 표현이 있습니다. 우리가 그리스도를 믿을 때 믿는 자의 죄는 그리스도에게로 전가되고, 그리스도의 의로움은 믿는 자에게로 전가됩니다. 우리의 율법을 범한 자로서 져야 할 법적 책임이 그분에게로 옮겨지고, 율법을 완성하신 자로서 가지신 그분의 권리가 우리에게 옮겨진 것입니다. 이 기초 위에 우리가 서 있는 것입니다. 이 진리는 우리 믿음의 중요한 기둥입니다. 기독교 신앙은 바로 이 위대한 교환에 기초한 것입니다.

죄인에서 의롭게 된 자로

이 위대한 교환으로 우리에게 '하나님의 의'가 주어진다는 진리에는 두 가지 의미가 있습니다. 첫째는, 법정적인 의미입니다. 재판정에서 무죄를 선언하듯이 의롭다고 선언하는 것입니다. 의롭다는 선언은 단지 죄를 용서해 주는 것만이 아닙니다. 용서란 벌을 없애 주는 것이지 죄를 없애 주는 것이 아니기 때문입니다. 용서받았다 할지라도 죄는 그대로 있습니다. 그러나 '하나님의 의'로 의롭다 선언하시는 것은 죄를 용서해 줄 뿐 아니라 의로운 지위를 부여해 주는 것까지를 의미합니다. 스가랴 3장에서 하나님은 율법에 의하면 마땅히 죽임당해야 하는 대제사장 여호수아에게 무죄를 선언하십니다. 그리고 그를 단지 용서만 하시는 것이 아니라 그에게 아름다운 옷을 입혀 주심으로써 의롭다고 선언하십니다.

진흙탕에서 뒹굴며 노는 아이가 있습니다. 너무 지저분하고 더러워서 아무도 가까이하지 않습니다. 그런데 그 아이를 안고 들어가는 사람이 있습니다. 어머니입니다. 아이를 안고 들어가는 것은 자신의 아들이라고 선언하는 것입니다. 그런 다음 집에 들어가 그

아이를 씻깁니다. 아들이라고 선언하는 것이 먼저고, 씻기는 것이 그다음입니다.

어둠의 권세에서 아들의 나라로

둘째는, 관계적인 의미입니다. '의롭다 하심'은 하나님의 의를 선물로 주실 뿐만 아니라 선물을 주시는 분과의 관계를 회복시켜 주시는 것입니다. 의롭게 되었다는 것은 이제 올바른 관계로 회복되었다는 것입니다. 올바른 관계란 사탄의 주권 아래 있던 사람들이 하나님의 주권 아래로 이전되는 것입니다. 스스로 자신을 의존하며 살아가나 실상은 사탄의 주권 아래 살아가던 사람들이 하나님의 주권을 인정하며 하나님 나라의 백성으로 살아가는 것입니다.

> 아버지께서는 우리를 어둠의 권세에서 구해 내셔서 그분이 사랑하는 아들의 나라로 옮기셨습니다. 하나님의 아들 안에서 우리는 구속, 곧 죄 사함을 받았습니다(골 1:13-14).

'죄 사함'이란 의롭게 되었다는 것의 소극적 표현입니다. 의롭게 된 적극적인 내용은 '어둠의 권세에서 아들의 나라로 옮겨진 것'입니다. 청교도들은 이러한 변화를 '의를 나누어 주신다'는 표현으로 사용했습니다. 의롭다 여기실 뿐 아니라 하나님과의 관계 속에서 내 안에서 예수 그리스도의 의로 역사하신다는 것입니다. 그리스도의 의를 나누어 주신다는 것은 수혈과도 같습니다. 내 안에 새로운 생명의 씨앗을 주심으로 그것이 자라도록 해 의로운 삶으로 변화시키시는 것입니다.

그리스도 안에서 우리에게 주어진 '하나님의 의'를 받아들이는 것은 의의 가슴받이를 착용하는 것입니다. 이것이 사탄의 고소를 막아 내는 유일한 길입니다. 사탄이 '너는 이제 더 이상 서 있을 수 없어. 너는 정죄 받았고, 너는 이제 끝장났어'라고 말할 때 의의 가슴받이를 착용한 성도들은 이렇게 말해야 합니다. '아니야. 나의 위치는 내가 과거에 무엇을 했느냐 하지 않았느냐에 달려 있지 않아. 나의 위치는 항상 예수 그리스도의 의에 달려 있어. 그리스도 안에서 하나님과 나의 관계는 변함이 없어. 나는 죄 많고 무가치한 자지만, 나에게는 하나님의 의가 주어져 있어.' 성도들이 사탄에게 이렇게 대항할 수 있는 이유는 '하나님의 의'란 나의 신실함이 아니라 '하나님의 신실하심'의 결과이기 때문입니다. 인간은 하나님을 포기해도 하나님은 인간을 포기하지 않으신 결과이기 때문입니다.

아브라함의 믿음과 하나님의 의

하나님이 어느 날 갈대아 우르라는 곳에 살던 아브람, 곧 훗날 아브라함으로 불리게 될 한 사람을 부르셔서 약속을 주십니다. 아브라함을 찾아오신 하나님은 자녀가 없는 그의 가정을 통해 큰 민족을 이루겠다고 하시며 가나안 땅을 주겠다고 말씀하셨습니다. 그러면서 복의 근원이 되게 하겠다고 하셨습니다. 그런데 그 약속을 믿는 아브라함을 의롭게 여기셨다는 말씀이 나옵니다.

> 아브람이 여호와를 믿었습니다. 그래서 여호와께서 아브람의 그런 믿음 때문에 그를 의롭게 여기셨습니다(창 15:6).

이 말씀에서 처음으로 하나님이 믿음을 의로 여기셨다는 표현이 나옵니다. 창세기 15장은 두려워하는 아브라함의 모습으로 시작됩니다. 그리고 두려워하고 있는 아브라함에게 하나님이 찾아오십니다. 앞 장에서 전쟁에서 승리해 조카 롯과 가족과 재물을 다 찾아왔는데 두려움이 임한 것입니다. 아브라함이 승리한 적군은 당시 엄청난 강대국들의 연합군이었습니다.

창세기 14장에는 당시 가나안 지역을 둘러싼 큰 전쟁이 나오는데, 그때 아브라함의 조카 롯이 소돔 성에 살다가 포로로 잡혀갔습니다. 이 소식을 들은 아브라함은 자신의 집에서 낳아 훈련시킨

318명을 데리고 밤에 기습해서 그 연합국가의 군대 후미 부대와 싸워 이겨 롯의 가족을 구해 냈습니다. 아브라함은 조카 롯을 구하고자 하는 마음에 무서운 줄 모르고 밤에 기습해서 싸워 이겼으나, 이제 곧 무서운 보복이 다가올 것을 충분히 예상할 수 있었기에 두려울 수밖에 없었던 것입니다.

아브라함의 두려움에는 하나님에 대한 불신이 숨어 있습니다. 두려움은 불신의 열매입니다. 아브라함이 오해하고 있는 것이 있는데, 롯을 구해 내는 싸움의 승리를 자신의 힘으로 이루었다고 생각한 것입니다. 그것은 하나님이 도와주신 기적이었습니다. 그런데 자신의 힘으로 이겼다고 생각했기에 그들이 보복 공격을 해 오면 승산이 없다고 생각하며 두려워했던 것입니다. 아브라함은 물리적 전쟁에서는 승리했지만 영적 전쟁에서는 패배했습니다. 자기 힘을 의지하고 자기 의에 빠질 때는 하나님을 바라보지 못하기 때문입니다.

자기 자신을 의존하고 자기 의에 사로잡힌 사람일수록 두려움이 많고 자책감에 빠지기 쉽습니다. 이것이 바로 아브라함의 마음의 상태입니다. 하나님은 아브라함의 잘못된 믿음을 바로잡아 주시기 위해서 이렇게 말씀하셨습니다.

두려워하지 마라. 나는 네 방패니 네가 받게 될 상이 아주 클 것이다

(창 15:1).

하나님은 '내가 너의 지극히 큰 상급'이라고 말씀하셨습니다. '네가 받게 될 상이 아주 클 것'이라고 말씀하셨습니다. 아브라함은 하나님이 주신 자손의 약속이 아직 이루어지지 않은 것을 상기하며 다메섹에서 데려온 엘리에셀을 양자로 들일 것을 말씀드렸습니다. 하지만 하나님은 아브라함에게 "네 몸에서 나온 사람이 네 상속자가 될 것이다"(창 15:4)라고 말씀하시며 그를 밖으로 데리고 나가 하늘의 별을 보여 주셨습니다.

하나님은 아브라함의 좁은 시야를 넓혀 주시기 위해서 하늘의 별을 교보재로 사용하셨습니다. 믿음은 위를 쳐다보는 것입니다. 위에는 우리에게는 도저히 불가능한 일들이 펼쳐져 있습니다. 현대인들은 수많은 별들을 만드신 하나님 대신 모든 것이 우연에 의해 만들어졌다고 믿고 싶어 합니다. 하지만 수많은 별들의 질서 정연하면서도 장엄한 광경을 보면 우연에 의해 만들어졌다고 믿는 것이 창조주에 의해 만들어졌다고 믿는 것보다 더 어려운 일입니다.

이때 아브라함은 하나님을 믿게 되었고, 하나님은 이를 그의 의로 여기셨습니다. 하나님이 아브라함의 믿음을 크레딧으로 올려 주셨다는 것입니다.

아브람이 여호와를 믿으니 여호와께서 이를 그의 의로 여기시고(창 15:6, 개역개정 성경).

그런데 아브라함이 하나님을 믿었고 하나님이 그것을 의롭게 여기셨다는 내용이 왜 15장에 처음 기록된 것일까요? 그는 이미 우르를 떠날 때도, 가나안 땅에 도착해서도 하나님을 계속해서 믿어 왔는데 말입니다. 마틴 루터에 의하면, 창세기 15장에 이르러서야 아브라함의 믿음이 한 아들에 대한 약속에 더욱 구체적으로 초점을 두고 있기 때문이라는 것입니다. 아브라함의 믿음이 장차 아브라함을 통해 태어날 약속의 자녀, 곧 한 아들을 통해 하나님이 땅의 모든 족속이 복을 얻게 하실 것에 대한 믿음이었다는 것입니다. 하나님은 그 약속을 믿는 이를 의롭게 여기십니다.

우리도 아브라함처럼…

아브라함의 하나님이 우리 하나님이십니다. 하나님이 아브라함을 대하시는 태도는 우리에게도 동일합니다. 아브라함이 하나님에게 믿음으로 반응했을 때 그와 함께하셨던 것처럼 하나님은 우리에게도 동일하게 행하십니다. 우리도 아브라함처럼 하나님의 구원 약속을 믿을 때 의롭게 됩니다. 우리가 그리스도를 믿을 때 의롭게 되어 우리에게 속하지 않은 것을 우리의 것으로 간주하시는 일이 일어납니다. 우리의 죄를 우리에게 돌리지 않으시며(고후 5:19 참조), 우리를 우리의 죄에 따라 대하지 않으십니다. 의롭다고 인정하신 분은 하나님이시므로(롬 8:33 참조), 우리는 그리스도 안에 있는 자로서 결코 정죄를 받지 않습니다(롬 8:1 참조).

우리는 믿음으로 의롭게 되며, 믿고 기대한 영원한 나라를 유업으로 얻게 될 것입니다. 오직 의인은 믿음으로 살 것입니다. 우리가 만일 자신을 의존하고 자기 의에 빠져서 자책감에 사로잡혀 살아간다면, 우리는 여전히 사탄의 권세 아래 묶여 살게 될 것입니다. 우리에게는 사탄의 공격을 막아 낼 힘이 없습니다. 오직 의의 가슴받이를 착용하고 그리스도의 의로우심을 덧입을 때라야 어떠한 상황에서도 하나님 앞에 담대히 설 수 있으며, 사탄의 고소의 공격을 대항할 수 있습니다. 오직 하나님의 의를 선물로 받아 하나님의 통치 아래 살아갈 때, 우리는 이 땅에서 영원한 생명을 누리며 살게 될 것입니다.

누군가에게 '당신은 어떻게 구원받았으며
그 구원을 어떻게 확신하나요'라는 질문을 던져 보면
그 사람의 신앙의 상태가 드러납니다.
'제가 좀 더 열심히 신앙생활해야죠'라고 대답하면
여전히 자신의 의를 의지하고 있는 것입니다.
구원은 우리의 열심으로 받는 것이 아니라
오직 그리스도의 의로 받는다고 대응해야 합니다.

복음은 우리를 모든 두려움으로부터 벗어나게 합니다.
평화의 복음의 신을 신을 때
우리는 담대하게 싸울 수 있습니다.

3

평화의
복음의 신

'신을 신는다'는 것은
하나님이 뜻하신 대로 행동한다는 것입니다.
구원받은 성도들은 행동합니다.

믿음의 성장은 영적 전쟁에서 승리를 경험함으로써만 이루어집니다. 성경 지식이 증가하고, 예배 참석이 익숙해지고, 봉사와 헌신이 더해 간다 하더라도 삶 속에서 벌어지는 보이지 않는 영적 전쟁의 실상을 전혀 모르고 있다면 진정한 신앙생활이 아닙니다. 신앙생활은 영적 전쟁이며, 믿음의 선한 싸움입니다. 악한 영과 싸우는 하나님의 전쟁에 군사로 참여하는 것입니다.

전쟁 중에 긴장을 풀고 경계를 늦출 수 있는 때는 존재하지 않습니다. 자만과 방심은 곧 패배의 지름길입니다. 우리의 대적 마귀는 조금도 쉬지 않고 우리를 노리고 있습니다. 그러므로 우리는 날마다 깨어 있어 하나님이 어떤 분이신지, 우리 자신이 누구인지, 적이 누구인지 기억하고 원수의 공격으로부터 자신을 지키며 대적해야 합니다.

우리는 조금도 양보할 수 없고 타협할 수 없는 전쟁에서 싸우고 있습니다. 휴전도 냉전도 없는 싸움입니다. 승리냐 패배냐, 둘 중 하나의 길밖에 없는 싸움입니다. 때로 우리를 무너뜨릴 수 없다고 생각하면 사탄은 이렇게 거짓 평화를 제의해 올 것입니다. '나도 널 내버려 둘 테니 너도 날 내버려 둬.' 서로 내버려 둔 채로 평화를 누리자고 제안할 것입니다. 이런 제안에 타협하는 것은 평화를 가장한 사탄에게 지는 것입니다.

여호수아서에 보면 기브온 족속이 여리고 성과 아이 성이 무너졌다는 소식을 듣고 꾀를 내어 평화 조약을 제안합니다. 그들은 가까운 곳에 있으면서도 마치 먼 곳에서 온 것처럼 낡은 옷을 입고 곰팡이가 핀 빵을 가지고 길갈에 있는 여호수아에게 다가와 평화 조약을 맺자고 했습니다. 이때 여호수아와 그 백성은 어떻게 해야 할지 하나님에게 묻지 않고 화친 조약을 맺었습니다. 이로 인해 그들에게 속아 넘어가 이스라엘 백성은 하나님의 뜻을 이루지 못하게 됩니다.

하나님의 뜻대로 행하라

본문 15절은 영적 군사로서 평화의 복음의 신을 신으라고 말씀합니다.

> 예비한 평화의 복음의 신을 신고(엡 6:15).

'예비한'이라는 단어는 '이미 준비된' 혹은 '미리 만들어 놓은 것'이라는 뜻입니다. 복음은 하나님이 영원 전부터 하나님의 목적에 따라 준비해 주신 것입니다. 이 복음이 준비되기 위해 얼마나 오랫동안 얼마나 큰 희생이 지불되었습니까? 하나님의 아들이 십자가에서 죽으시는 대가가 치러졌기에 온 세상을 주고도 살 수 없는 가치가 지불된 것입니다.

'신을 신는다'는 것은 하나님이 뜻하신 대로 행동한다는 것입니다. 구원받은 성도들은 행동합니다. 성도들이 바람에 흔들리는 갈대처럼 이리저리 흔들리는 것은 하나님이 뜻하신 바가 아닙니다. 우리를 기계처럼 무의식적인 복종으로 끌고 가시는 것도 하나님이 뜻하신 바가 아닙니다. 하나님은 당신의 뜻이 우리 안에서 역사해 우리가 그 뜻을 기뻐하며 행하기를 원하십니다.

하나님의 뜻을 적극적으로 행하려 하는 성도, 곧 하나님의 군사에게는 다른 사람이 만나지 않는 시험과 공격이 더 많이 따릅니다.

쉼 없는 공격이 퍼부어지기 때문입니다. 태만하고 게으른 사람들은 그런 시험과 공격을 만나지 않습니다. 이러한 시험과 공격에도 넘어지지 않고 하나님의 뜻을 행하는 자가 되려면 복음의 신을 신어야 합니다. 본문은 성도들이 신어야 할 이 신을 '평화의 복음'의 신이라고 말씀합니다.

신약성경에는 복음을 설명하는 단어들이 있습니다. '은혜의 복음'(행 20:24), '하나님의 아들의 복음'(롬 1:9), '그리스도의 복음'(고후 2:12, 10:14), '구원의 복음'(엡 1:13) 등이 그것입니다. 그런데 에베소서에서는 '평화의 복음'이라 했습니다. 평화의 복음은 그리스도의 십자가를 통해 우리에게 주시는 복음의 축복을 설명합니다.

평화, 의와 진리로 얻은 축복

전신갑주에서 '진리의 허리띠'에 이어 '의의 가슴받이'가 나오고, 이어서 '평화의 복음의 신'이 등장합니다. 진리에 이어 의가 나오고, 의에 이어 평화가 나온다는 것입니다. 이 세 단어는 영적으로 서로 연결되어 있습니다. 사탄의 거짓 공격은 진리로 막고, 비난과 고소는 의로 막습니다. 그리고 우리를 행하도록 이끌어 주시는 힘은 평화입니다.

우리에게 진리란 하나님의 의, 곧 죄인 된 우리를 그리스도로 말미암아 값없이 의롭다 하시는 하나님의 의입니다. 그래서 우리를 구원하시는 것, 우리를 하나님의 자녀와 백성으로 삼아 주시는 것, 우리를 포기하거나 내버려 두지 않으시는 것, 이 세상을 사탄이 지배한 상태로 버려두지 않으시는 것, 그래서 예수 그리스도의 십자가로 우리를 의롭게 하시고 세상을 구속하시는 이 모든 것이 진리입니다. 그리고 하나님의 의로 의롭다 하심을 받은 자들이 누리는 축복이 평화입니다. 이 평화는 의로운 상태에 있지 않으면 경험할 수 없습니다. 진리는 하나님의 의고, 그 하나님의 의는 평화의 복음을 가져옵니다.

하나님과 더불어 누리는 평화

이 평화의 복음은 첫째로, 하나님과 더불어 완전한 평화를 누리는 것입니다.

> 그러므로 우리는 믿음으로 의롭다는 인정을 받아 우리 주 예수 그리스도로 인해 하나님과 더불어 화평을 누리고 있습니다(롬 5:1).

화평 혹은 평화라는 단어는 '샬롬', 곧 적대감이나 긴장이 전혀 없는 상태를 말합니다. 로마서 5장 10절은 '우리가 하나님과 원수되었었다'고 말씀합니다. 하나님은 우리의 적이 아니십니다. 하나님은 한 번도 우리의 적이 된 적이 없으십니다. 적이 된 것은 우리 자신입니다. 우리가 스스로 하나님을 적대시한 것입니다. 우리가 하나님에게 불순종하고 사탄의 음성을 따랐을 때 하나님을 대적하는 진노의 자녀들이 되어 하나님을 대적하는 원수로 살고 있었던 것입니다. 어떤 사람은 이렇게 말할 것입니다. '나는 하나님을 비난한 적이 없습니다. 그러니 하나님과 원수라는 것은 말이 안 됩니다.' 그러나 하나님을 영화롭게 하는 삶을 살지 않는 사람은 하나님을 대적하는 것입니다.

마음에 평화가 없는 까닭은 의롭지 못하기 때문입니다. 그런데 스스로 의를 추구하는 자는 결코 평화를 누리지 못합니다. 절대 진리의 기준 앞에서 의로운 자는 아무도 없기 때문입니다. 그래서 사람들이 평화를 얻기 위해 스스로 의롭다 하기 위한 방법으로 택한 것이 진리를 상대적 기준으로 바꾸어 버리는 것입니다. 진리를 상대적으로 바꾸고 그 기준 앞에서 자신을 스스로 의롭다 여기면서 평안을 가지는 것입니다.

진정한 평화는 진리 앞에서 우리를 그리스도의 희생을 근거로 값없이 의롭게 여기시는 하나님과 함께 누리는 것입니다. 만일 하나님과의 평화를 누리지 못하고 있다면, 그것은 마치 맨발로 가시밭길을 걷는 것과 같습니다. 그럴 경우 세상의 가시들에 의해 상처나고, 찢기고, 멍들고, 피 흘리며 쓰러지는 자신을 발견할 것입니다.

하나님과 평화를 이룬 사람은 죽음의 위협이나 삶의 어떤 고통도 결코 두려워하지 않습니다.

자기 자신 안에서 누리는 평화

둘째로, 평화의 복음은 자기 자신 안에서도 평화를 누리는 것입니다. 사람이 자기 자신과 평화하지 못하는 것처럼 비극적인 일은 없습니다. 우리는 다른 많은 사람과 갈등을 겪는 것 같지만, 가장 악한 공격은 자신의 내면에서 일어납니다. 성도의 순례 길에서 가장 큰 위험은 자신 안에서 일어납니다. 사람이 마음으로 자기 자신을 정죄하는 것만큼 아픈 것은 없습니다. 자신의 내면이 병들어 있다면 가는 길이 행복할 수 없습니다.

자신과 평화하지 못한 사람은 결코 그 걸음이 힘찰 수 없습니다. 아무리 좋은 환경에 있어도, 아무리 좋은 곳을 여행해도 그 발걸음은 마치 벗은 발로 숲을 걸어 다니는 것처럼 아프고 고통스러울 것입니다. 사람들이 왜 혼자 있기를 두려워합니까? 누군가와 함께 있고 싶어 하는 것이 아니라, 다른 각도에서 보면 자기 자신과 있는 것을 싫어하는 것입니다. 자기 자신과 화목하지 못하기에 혼자 있는 것이 싫은 것입니다. 그래서 자기 자신과 대화하기보다는 TV를 틀어 놓거나 영화를 보거나 다른 사람을 만나며 많은 시간 자신의 내면의 소리에 귀를 기울이지 않습니다.

사탄의 고소와 정죄에 그 양심이 지쳐서 포기한 채 자신을 사탄이 보는 시각으로 바라보는 사람은 자신과 평화를 누리지 못합니다. 시편 37편 23절과 31절은 "선한 사람의 걸음을 여호와께서 정하시니 그분은 그 길을 기뻐하십니다 … 하나님의 법이 그 마음에 있으니 발이 미끄러지는 일이 없습니다"라고 말씀합니다. 이러한 사람은 자기 자신과 화목한 사람입니다. 자기 양심에 거리낌이 없는 사람입니다. 그 마음에 하나님의 법이 있어 그 양심에 거리낌 없이 걸어가는 발에는 실족함이 없습니다. 평화의 복음이 그 발걸음을 보호해 주기 때문입니다.

다른 사람과의 관계 안에서 누리는 평화

셋째로, 평화의 복음은 다른 사람과 함께하는 평화입니다.

여러분이 할 수만 있으면 모든 사람들과 평화롭게 지내십시오(롬 12:18).

그리스도는 우리의 화평이시니 자기의 육체로 둘을 하나로 만드신 분이십니다(엡 2:14).

때로는 우리의 편견과 오해와 고집 때문에 다른 사람과의 평화가 깨어집니다. 때로는 다른 사람의 죄와 문제로 인해 평화가 깨어지기도 합니다. 다른 사람과의 평화가 깨어진 상태로는 평화의 복음의 능력을 체험할 수 없습니다. 하지만 기억해야 할 것이 있습니다. 나 자신의 힘으로는 그 사람과 평화할 수 없지만 그리스도가 우리의 평화가 되신다는 것입니다. 죄로 인해 나누어진 관계를 십자가로 하나 되게 하신다는 것입니다. 따라서 그리스도 안에서 한 몸 된 관계에서는 더욱더 이 그리스도의 평화가 주장하도록 해야 합니다.

하나님과 평화를 누리고 자기 자신과도 평화를 누리는 사람은 다른 사람과의 관계에서도 평화를 누릴 수 있게 됩니다. 이것은 열매요, 영적인 순서입니다. 하나님과 자기 자신과 평화를 누리지 못하는 사람은 절대로 다른 사람과 평화를 누릴 수 없습니다. 다른 사람과 다툼과 분쟁이 끊이지 않는 사람은 반드시 자기 자신과 평화를 누리지 못합니다. 그리고 그 깊은 내면을 들여다보면, 그 사람은 하나님과의 평화를 경험하지 못한 것입니다.

만일 그리스도의 몸 된 지체 중 어떤 지체와도 불편함이 없이 평화롭다면 멋진 여행을 할 수 있는 준비가 된 것입니다. 그러므로 교회 전체가 이 평화의 복음으로 서로서로 평화를 누려야 합니다. 너무 쉽게 서로를 비난하지 말아야 합니다. 참고 용서하고 인내하며 품어야 합니다.

그리스도의 평강이 여러분의 마음을 지배하게 하십시오. 이 평화를 위해 여러분은 한 몸으로 부르심을 받았습니다. 또한 여러분은 감사하는 사람이 되십시오(골 3:15).

그리스도의 평강이 우리 마음을 지배하게 해야 합니다. 우리를 부르신 목적은 한 몸으로 평화를 누리는 것이기 때문입니다. 예수님은 자신을 배반한 이들과도 평화의 관계를 유지하셨습니다. 예수님은 그들을 향해 "내가 너희에게 평안을 주고 간다. 곧 내 평안을 너희에게 준다"(요 14:27)고 말씀하셨습니다. "세상에 있는 자기의 사람들을 사랑하시되 끝까지 사랑하셨습니다"(요 13:1)라는 말씀은 예수님이 자신을 배반한 제자들과도 평화로운 관계를 유지하셨다는 것입니다. 예수님은 그들을 향해 분노하지도, 미워하지도, 복수하지도 않으신 채 그들과 평화를 누리셨습니다. 이것이 어떻게 가능합니까? 예수님은 하나님과 그리고 자기 자신과 평화를 이루셨기 때문입니다.

평화의 복음의 신이 주는 능력
그러면 이러한 평화의 복음으로 준비된 신을 신을 때 어떤 능력이 임할까요?

두려움 없는 담대함

첫째로, 두려움 없는 담대함이 생깁니다. 두려움은 전쟁에서 우리를 무능하게 만들고 마비시킵니다. 움직여야 할 때 움직이지 못하게 만듭니다. 올바른 결정을 내리지 못하게 만듭니다. 전쟁에서 싸우는 군사에게 두려움 없는 담대함은 보이지 않는 무기입니다. 때문에 사탄은 우리의 마음속에 있는 담대함을 없애기 위해 먼저 우리의 평안을 빼앗아 가려고 공격합니다. 그럴 때마다 우리가 붙잡아야 하는 진리는 무엇입니까? 우리가 하나님과 화평하게 되었다는 사실입니다. 나의 능력으로 하나님과 화평하게 된 것이 아니기에 나의 능력과 상관없이 하나님이 예비하신 복음으로 나는 평안하다는 것을 믿고 주장해야 합니다.

군사 전문가들은 로마 제국의 확장에 기여한 요소 중 하나로 로마 군인들이 신고 있던 튼튼한 신발을 꼽는다고 합니다. 고대 전쟁에서 군사의 발은 너무나 중요했습니다. 거의 모든 전쟁이 손과 발로 이루어지기 때문에 발이 보호받지 못하면 싸울 수 없었습니다. 로마 군인들은 칼리가(caliga)라는 바닥이 금속으로 되어 있는 아주 독특한 샌들을 신고 전쟁에 나갔습니다. 신발의 밑바닥에 금속을 붙인 이유는 당시 전쟁에서 흔히 있었던 방어 장치 때문입니다. 나무 조각이나 막대기 끝을 뾰족하게 깎아서 끝이 살짝 나오도록 땅속에 박아 놓은 장치를 일반 신발을 신고 밟는다면 이 나무못들이 신발을 뚫고 들어와 발을 상하게 할 것입니다. 전쟁 시에 움직일 수 없다는 것은 곧 죽음을 뜻합니다.

평안을 잃어버린 상태에서 움직인다는 것은 발을 보호해 주는 신발 없이 전쟁터를 뛰어다니는 것과 같습니다. 살면서 부딪히게 되는 모든 상황에서 우리는 복음이 가져다준 평안을 다시 주장하며 신을 신어야 합니다. 복음은 우리를 모든 두려움으로부터 벗어나게 합니다. 죽음이 가져오는 두려움, 고난이 가져오는 두려움, 상황과 사람들이 가져오는 두려움으로부터 우리를 자유롭게 하고 이를 강하고 담대한 마음으로 대할 수 있게 해 줍니다. 평화의 복음의 신을 신을 때 우리는 담대하게 싸울 수 있습니다.

힘 있고 활기찬 기동성

둘째로, 언제든지 달려가 피하고 싸울 수 있는 기동성이 생깁니다. 복음으로 구원받은 성도들의 발은 힘 있고 활기찹니다. 성도들의 발이 무겁고 게으르고 활기 없는 발이 되어서는 안 됩니다. 전쟁에서 싸우는 군사의 발걸음과 몰에서 쇼핑하는 사람의 발걸음이 똑같아서 되겠습니까? 발의 움직임은 우리의 뜻과 의지를 나타냅니다. 길에서 사람이 걸어가는 모습을 보면 그가 의미 있는 삶을 사는지, 무의미한 삶을 사는지를 알 수 있습니다. 예배하러 오는 발걸음을 보면 군사로 살아가는지, 포로로 살아가는지를 알 수 있습니다.

삶의 발걸음이 힘차고 군사처럼 기동성이 있기를 소망하십시오. 영적 기동성이란 매일매일 자신의 사명을 수행할 수 있는 적절한 능력입니다. 군사들에게는 각자마다 수행해야 할 임무가 있습니다. 평화의 복음의 신을 신은 군사는 자신의 임무를 힘 있게 수행할 수 있습니다. 하지만 복음의 신을 신지 않은 군사는 달려 나갈 수 없습니다.

주 여호와께서는 내 힘이십니다. 그분은 내 발을 사슴의 발처럼 만드시고 그분은 평원에서 나로 하여금 뛰어다니게 하십니다(합 3:19).

영적 군사는 그 발이 사슴과 같습니다. 평화의 복음의 신을 신었기에 어떤 위험한 산이라도 사슴처럼 뛰어 올라갈 수 있습니다.

진리 안에서 갖는 유연성

셋째로, 복음의 진리 안에서 유연성을 갖습니다. 제1차 세계대전 때 영국이 어려웠던 이유는 지휘관들 대부분이 기병대 출신이었기 때문이라고 합니다. 그들은 전쟁에서 꼭 기병대로 싸워야 한다는 생각에 집착했다고 합니다. 제2차 세계대전 때는 프랑스가 어려움을 겪었는데, 프랑스의 어려움은 '마지노선'이었습니다. 마지노선은 모든 적의 전진을 막을 수 있도록 확고부동하게 움직이지 않고 버티는 것이었습니다. 그런데 프랑스의 파멸을 가져올 뻔한 생각이 이 마지노선을 고집한 것이었습니다. 프랑스의 드골 장군은 '움직이는 전쟁이 되어야 한다. 마지노선에 대한 생각은 치명적이다. 탱크와 차량으로 움직이는 전쟁을 해야 한다'고 주장했으나 받아들여지지 않았다고 합니다.

어떤 한 가지 생각에 집착하게 되는 것은 영적 전쟁에서 위험을 초래합니다. 생각이 유연해야 합니다. 항상 다른 가능성이 있음을 염두에 두는 것이 평화의 복음의 신을 신는 것입니다. 그렇다면 어떻게 해야 영적 전쟁에서 유연성을 가질 수 있을까요? 유연성은 복음이 주는 평화에서 나오는 것입니다. 복음 안에서 평화를 누리는 성도들은 율법적인 신앙생활을 하지 않습니다. 복음 안에서 자유를 누립니다. 비본질적인 것과 본질적인 것을 구별해서 비본질적인 것에서는 자유합니다. 다른 사람을 비본질적인 것으로 억압하지 않고, 그렇기에 갈등하지 않습니다.

공동체도 마찬가지입니다. 복음 안에서 평화를 누리는 공동체는 시스템과 생각이 유연합니다. 생각과 제도가 유연하면서도 두려움 없이 평안할 수 있는 교회가 건강한 교회입니다. 이 유연성은 진리를 각자 원하는 대로 만드는 것이 아니라, 진리의 한계 안에서 모든 것을 적당하고 질서 있게 하는 것입니다. 진리의 울타리 안에서 유연한 것입니다. 진리는 고수하되 그 진리를 현대의 옷을 입혀서

전하는 것입니다. 과거에 사용한 고정된 방법을 고수하는 것은 진리를 고수하는 것과 다른 것입니다.

성도들은 영적 군사로서 죄와 사탄을 대항할 때 발을 잘 사용해서 싸워야 합니다. 발을 복음의 신으로 보호하고 싸워야 합니다. 그리고 평화의 복음의 신을 신은 발로 사탄을 밟아야 합니다.

평강의 하나님께서 속히 사탄을 여러분의 발아래서 짓밟히게 하실 것입니다. 우리 주 예수의 은혜가 여러분과 함께하기를 빕니다(롬 16:20).

우리는 저 교활한 사탄의 머리를 깨뜨리고 그의 거짓을 제거하기 위해서 평화의 복음의 신을 신어야 합니다. 복음의 신을 신은 발은 사탄을 능히 짓밟을 수 있습니다. 복음은 하나님의 능력이기 때문입니다.

평화의 복음의 신을 신고 두려움 없이 담대하게, 사명을 힘 있게 감당하며, 진리 안에서 유연하게 적과 싸워 승리해야 합니다. 하나님이 우리를 도와주실 것입니다. 우리에게는 약속이 주어져 있습니다. 십자가에서 사탄을 이기신 그리스도 안에서 우리도 승리하게 될 것이라는 약속 말입니다.

믿음은 내 안에서
내가 스스로 만드는 것이 아니라,
내가 믿는 대상이
나에게 가져다주는 것입니다.

4

믿음의
방패

믿음의 방패는 하나님의 능력으로 향하게 합니다.
믿는 자가 그 방패 뒤에 숨는 순간
악한 자의 모든 불화살은 소멸됩니다.

예수님을 믿을 때 우리는 두 가지 새로운 관계 속으로 들어가게 됩니다. 첫째는, 하나님과 새로운 관계를 맺게 됩니다. 하나님을 떠나 상관없이 살아가고 있었지만 하나님과 화목하게 되는 것입니다. 하나님의 자녀가 되어 하나님의 돌보심을 받게 되고, 하나님의 백성으로서 하나님의 다스림을 받게 되는 것입니다. 둘째는, 악한 사탄과 새로운 관계를 맺게 됩니다. 그리스도인이 되기 이전과 달리 사탄에 속한 악한 영들의 원수가 되어 서로 대적 관계로 들어가는 것입니다. 그리스도 안에서 믿음으로 살고자 한다면 원수 된 사탄의 공격을 피할 수 없습니다.

그러나 하나님과의 관계가 견고한 성도들은 두려워할 필요가 없습니다. 우리의 대적들은 하나님 앞에서 두려워 떨기 때문입니다. 우리가 하나님과 올바른 관계에 있기만 하면 우리를 해치기는 커녕 손도 대지 못합니다. 성경은 "마귀를 대적하십시오. 그러면 마귀가 여러분을 피할 것입니다"(약 4:7)라고 말씀합니다.

믿음으로 불화살을 막아 내라

사탄은 하나님을 대적해서 이길 수 없기에 우리 스스로가 하나님을 떠나도록 공격합니다. 그의 목표는 거짓과 속임수로 우리의 사고를 흐리게 하고, 우리의 육신을 이용해서 모든 상황에서 하나님과 상관없이 살도록 만드는 것입니다. 본문은 그것을 마치 군사들이 수많은 화살을 쏘아 공격하는 것으로 비유했습니다. 고대 전쟁에서는 군사들이 화살을 많이 이용했습니다. 화살촉에 독을 발라 스치기만 해도 생명을 잃게 만들거나, 가연성 액체를 발라 불을 붙여 만들기도 했습니다. 본격적인 공격 이전에 가능한 많은 불화살을 쏘아 군인들이 공격할 수 있는 길을 마련하는 것입니다. 이는 현대전에서 보병의 길을 열어 주기 위해 공군이 먼저 폭격하는 것과 같은 원리입니다.

악한 사탄은 모든 상황 속에서 수많은 불화살을 던집니다. 불안, 염려, 두려움, 유혹, 상상, 의심, 미움, 질투 등 우리가 하나님으로부터 떠날 수 있도록 하는 것이라면 그 상황에서 가장 적합한 악을 사용해 불화살을 쏘아 댑니다. 그 화살들은 우리의 마음과 생각에 쏟아집니다. 우리의 생활 속에서 스쳐 지나가는 수많은 생각들이 사탄이 독을 묻히고 불을 붙여 쏘아 대는 화살일 수 있습니다.

우리가 하나님의 울타리를 떠나도록 공격하는 사탄의 화살 중 대표적인 것은 '불안의 화살'이라 할 수 있습니다. 우리를 불안하게 해 하나님 밖에서 불안을 해결하도록 하는 것입니다. 하지만 우리가 느끼는 불안은 하나님을 향한 일종의 '귀소 본능'입니다. 불안은 이 세상이 우리의 진짜 고향이 아니라는 신호입니다. 우리는 어떤 이유로 인해 이곳에 있는 것이고, 이곳에서 해야 할 일이 있다는 신호입니다. 우리는 하나님을 사랑하고 하나님 안에 거하도록 만들어졌습니다. 때문에 하나님 밖으로 나가려고 할 때는 '불안'을 느낄 수밖에 없습니다. 그래서 히포의 아우구스티누스(Augustine of Hippo)는 주후 400년 무렵에 이런 기도문을 남겼습니다.

"당신을 위해 우리를 만드셨으므로 우리 마음은 당신 안에서 쉼을 얻기까지 불안합니다."

사탄은 하나님을 향하도록 일어나는 '불안'을 이 세상에 속한 것들로 자신을 채워서 해결하도록 속입니다. 인간관계를 통해 불안을 해결하려 하지만 해결되지 않습니다. 쾌락을 통해 해결하려 하지만 중독에 빠집니다. 세상의 즐거운 오락으로 해결하려 하지만 잠시 잠깐 잊게 할 뿐입니다. 결국 더욱더 '불안'을 느끼다가 하나님을 떠나 사탄의 공격 대상이 되는 것입니다.

불안 외에도 두려움, 염려, 의심, 미움 등 우리가 하나님의 보호의 울타리 밖으로 스스로 나가도록 하는 불화살들이 우리에게 날아옵니다. 이때 필요한 것이 이 불화살들을 막아 내는 방패입니다. 하나님이 우리에게 주신 방패는 믿음의 방패입니다.

모든 일에 믿음의 방패를 가지고 이것으로 악한 자의 모든 불화살을 소멸시키며(엡 6:16).

믿음의 본질

그렇다면 믿음이 왜 방패의 역할을 할까요? 우선 믿음의 본질을 깨달아야 믿음이 어떻게 방패의 역할을 하는지 알 수 있습니다. 믿음에 있어서 중요한 것은 믿음 그 자체가 아니라 무엇을, 어떤 존재를 믿느냐입니다.

믿음은 그 대상에 의해 결정된다

믿음은 항상 '한 대상'을 가리킵니다. 믿음이 있다고 하면서 '자신의 신념'을 믿을 수도 있고, '세상의 가치관'을 믿을 수도 있습니다. 믿음은 의지를 강하게 가지는 것처럼 보이기도 하나 믿음은 의지가 아닙니다. 물론 믿음에는 의지에서 나온 결심과 태도가 필요합니다. 하지만 강한 의지가 믿음일 수는 없습니다. 믿음은 그 대상이 어떤 존재냐에 따라 결정되는 것입니다. 얼마나 강하게, 얼마나 열정적으로 믿는가가 핵심이 아니라, 어떤 대상을 향해 무엇을 믿는가가 믿음의 핵심입니다.

믿음은 그 대상이 살아 있는 '실재'여야 합니다. 믿음은 언제나 하나님의 인격을 가리킵니다. 믿음은 어떤 지식과 정보를 믿는 것이 아닙니다. 살아 있는 인격체, 살아 계신 분을 믿는 것입니다. 살아 계신 하나님과 인격적인 관계 속에서 하나님을 의지하는 것입니다.

그런데 사람들은 하나님을 믿기 어려워합니다. 그 이유는 두 가지인데, 첫째는 죄 때문입니다. 죄는 살아 계신 하나님을 믿음으로 살아가는 삶을 파괴했습니다. 죄는 하나님이 행하신 일을 믿는 믿음을 파괴했습니다. 우리는 태어날 때부터 살아 계신 하나님을 믿기보다는 거짓의 아비를 믿습니다.

둘째는, 우리가 스스로의 눈을 믿기 때문입니다. 사람들은 눈으로 봐야 믿습니다. 그런데 사실 눈으로 보는 것은 확인하는 것이지 믿는 것이 아닙니다. 믿음은 눈에 보이지 않는 것에 필요한 사항입니다. 믿음은 바라는 것들의 실체요, 보지 못하는 것들의 증거라고 했습니다.

죄는 눈에 보이지 않는 하나님을 믿지 못하게 하고 눈에 보이는 것만 믿고 살아가도록 우리를 변형시켰습니다. 그래서 하나님은 십자가로 우리 죄를 용서할 수 있는 근거를 마련하셨을 뿐만 아니라, 죄로 말미암아 깨어진 인간들의 믿음을 회복시키신 것입니다. 성경에 나타난 하나님의 모든 약속들은 우리 마음속에 하나님이 행하신 놀라운 구원을 믿을 수 있도록 역사해 줍니다. 하나님의 약속이 이루어지는 것을 보면서 그 마음속에 믿음이 형성되는 것입니다. 그래서 믿음도 하나님의 선물이고 역사입니다.

히브리서 12장 2절은 "믿음의 창시자요 완성자신 예수를 바라봅시다"라고 말씀합니다. 믿음은 내 안에서 내가 스스로 만드는 것이 아니라, 내가 믿는 대상이 나에게 가져다주는 것입니다. 우리가 누군가를 믿게 되는 과정을 생각해 보십시오. 나의 의지로 믿게 된 것이 아니라, 그 사람의 말과 행동 등으로 인해 그 사람에 대한 믿음이 생긴 것입니다. 우리가 왜 하나님을 믿습니까? 하나님이 신실하시기 때문입니다.

하나님의 약속에 대한 인간의 반응

믿음은 하나님이 말씀하시는 약속에 대해 반응하는 것입니다. 우리가 하나님을 믿는 것은 하나님이 말씀하신 약속이 반드시 그대로 이루어지기 때문입니다. 하나님의 행하심은 언제나 신실하시기 때문입니다.

하나님은 신실하시지만 우리는 신실하지 못하기 때문에 우리에게는 시험이 필요합니다. 시험의 목적은 믿음을 세워 주는 것입니다. 믿음은 하나님의 약속을 주장하고 시험을 통과하면서 자랍니다. 시험을 통과하지 않은 믿음은 생각에만 머무는 사상일 뿐입니다. 아브라함에게 약속을 주신 후 하나님은 25년간을 기다리게 하는 시험을 주셨습니다. 약속의 자녀를 주신 후에는 그 자녀를 바치라는 시험을 하셨습니다. 믿음은 반드시 시험을 통해 자랍니다. 시험을 통과할 때에야 비로소 전인격적인 믿음이 됩니다. 마틴 루터는 이렇게 말했습니다.

"견고한 믿음으로 하나님의 약속들을 굳게 붙드는 영혼은 그 약속들과 든든히 연합하게 되며 온전히 그 약속들 속으로 들어가게 되기 때문에, 그 영혼은 그 모든 약속들의 능력을 나누어 가지게 될 뿐만 아니라 아예 그 능력에 흠뻑 취해 적셔지게 된다."

하나님과의 연합을 통한 능력의 보호하심

우리는 하나님과 어떻게 연합합니까? 하나님의 약속에 믿음으로 반응할 때 연합됩니다. 하나님의 약속에 반응할 때 우리는 하나님의 약속에 묶여 하나님과 연합되고, 하나님과 연합된 자는 하나님의 능력으로 보호를 받습니다. 아브라함의 생애 중 자녀를 주신다는 약속이 더디 이루어지고 있다고 생각될 때, 아브라함은 사탄으로부터 의심과 불신의 불화살을 맞고 있었습니다. 아브라함이 거의 쓰러지게 되었을 때 하나님은 말씀하셨습니다.

두려워하지 마라. 나는 네 방패니 네가 받게 될 상이 아주 클 것이다

(창 15:1).

시편 84편에서 다윗도 "여호와 하나님은 해요, 방패시니"(시 84:11)라고 고백했습니다. 하나님은 믿음으로 약속을 주장하는 자들에게 방패가 되어 주십니다. 믿음의 방패는 하나님의 능력으로 향하게 합니다. 믿는 자가 그 방패 뒤에 숨는 순간 악한 자의 모든 불화살은 소멸됩니다. 지옥의 세력이 다 함께 모여도 방패 뒤에 숨는 자를 해칠 수 없습니다.

열왕기하 6장에 보면 아람이 이스라엘을 여러 번 치려 했지만 하나님의 사람 엘리사가 이스라엘 왕에게 미리 알려 준 대로 경계

해서 잘 막아 내는 이야기가 나옵니다. 아람 왕은 처음에는 내통하는 자가 있다고 생각했지만 예언의 은사를 가진 엘리사 때문이라는 것을 알고 엘리사를 잡도록 지시합니다.

아람의 큰 군대가 엘리사가 있는 도단 성을 에워싸고 있었을 때 엘리사의 젊은 종이 그 큰 군대를 보고 두려워하며 묻습니다. "내 주여, 우리가 어떻게 해야 합니까?"(왕하 6:15) 이때 엘리사 선지자는 "두려워하지 마라. 우리와 함께하는 사람들이 저들과 함께하는 사람들보다 많다"(왕하 6:16)고 이야기합니다. 그런 다음 기도합니다. "여호와여, 그의 눈을 열어 보게 하소서"(왕하 6:17). 그러자 하나님이 그 청년의 눈을 열어 주셨습니다. 그가 보니 불 말과 불 마차가 산에 가득했는데, 그 불 말과 불 마차들이 엘리사를 둘러싸고 있었습니다.

하나님의 뜻 가운데 믿음으로 서 있는 사람에게는 우리 눈에 보이지 않는 하나님의 능력의 보호하심이 함께하고 있습니다. 엘리사를 불 말과 불 마차들이 둘러싸고 있었듯이 하나님이 그 사람을 당신의 능력으로 보호하십니다. 두려움의 불화살이 날아올 때마다 믿음의 방패를 사용하십시오. 우리와 함께하는 자들이 저들과 함께하는 자들보다 많습니다.

영원한 나라로 안내하는 믿음

믿음은 사탄의 불화살을 막아 주는 방패 역할도 하지만, 다른 한편으로는 우리가 다른 세상으로 들어가는 문이 됨으로 우리를 보호해 주기도 합니다. 본문의 '방패'라는 단어는 헬라어 '문'이라는 단어에서 파생되었습니다. 고대의 방패가 문처럼 컸기 때문이기도 하지만, 모든 불화살을 막아 낸 방패는 우리를 새로운 세상을 바라볼 수 있는 길로 안내해 주기 때문입니다.

믿음은 문과 같습니다. 문은 바깥세상으로 연결해 주는 것입니다. 믿음은 이 세상에서 방패의 역할을 하지만, 궁극적으로는 하나님이 우리를 위해 예비해 주신 또 다른 세상으로 들어가는 문이 되기도 합니다. 방에 창문이 있는 까닭은 밖을 볼 수 있도록 하기 위함인 동시에 빛이 외부로부터 안으로 들어오도록 하기 위한 것입니다. 우리가 하나님의 진리를 믿을 때 그 믿음은 우리로 하여금 하나님의 세상을 볼 수 있게 합니다. 눈에 보이는 이 세상만이 아니라 영원한 세상을 볼 수 있게 되는 것입니다. C. S. 루이스는 말했습니다.

"나는 태양이 떴다고 믿는 것처럼 기독교를 믿는다. 단지 내가 그것을 보기 때문이 아니라 그것에 의해 다른 모든 것을 보기 때문이다."

최선의 방어는 있어야 할 곳에 있고, 바라보아야 할 것을 바라보는 것입니다. 영적 전쟁의 승리는 날마다 믿음으로 영원한 나라로 들어가는 체험을 하는 데서 얻어집니다. 믿음은 더 큰 것을 받아들이기 위해 그보다 작은 것을 모두 거절하는 것입니다. 하나님은 나보다 크신 분입니다. 조금 크신 분이 아니라 비교할 수 없을 만큼 크신 분입니다. 크고 위대하며 전능하신 하나님을 선택하고 그 외의 모든 것들을 의지하지 않기로 거절하는 것, 이것이 바로 믿음입니다.

우리가 믿음으로 나아갈 때 하나님의 약속과 능력을 날마다 체험하고, 하나님이 예비하신 새 하늘과 새 땅을 바라보며 승리하게 됩니다. 믿음은 보이는 이 세상이 가져다주는 시험과 유혹과 도전들을 바라보지 않고 우리에게 예비된 영원한 나라를 바라보게 하는 창문이 되어 우리가 세상을 이기도록 해 줍니다.

사탄은 믿음을 빼앗기 위해 최선을 다하고 있습니다. 그는 사람들을 구원의 순간에만 믿음이 필요한 것처럼 속입니다. 구원을 제외하면 믿음은 전혀 필요 없는 것처럼 속입니다. 그러나 우리는 늘 믿음으로 살아야 합니다. 믿음으로 의롭게 된 것처럼 믿음으로 매 순간 하나님의 약속을 붙잡고 하나님의 능력으로 보호하심을 받으며 살아야 합니다. 날마다 믿음의 부족함을 고백하며 '주여, 우리에게 믿음을 더해 주소서'라고 기도하며 살아가야 합니다.

믿음의 방패가 우리를 보호해 줄 것입니다. 믿음으로 자신을 내어 드리며 그분 앞으로 나아가는 모든 이들을 하나님이 지켜 주실 것입니다.

구원은 다가올 미래의 것입니다.
이는 우리의 몸이 온전히 구속되는 것입니다.
하늘에 앉힌바 됨을 체험하는 것입니다.

5

구원의
투구

구원은 그리스도를 통해
우리가 하나님 앞에 설 수 있는
신분을 얻은 것입니다.

우리는 피할 수 없는 싸움 중에 있습니다. 우리의 선택과 상관없이 우리는 군사로 부르심을 받았습니다. 선하신 하나님과 하나님의 자녀들을 공격하는 악한 영들이 존재하는 한 이들과 싸워 승리하는 군사로 사느냐, 아니면 패배한 군사로 항복한 상태로 사느냐의 길 밖에 없습니다. 군사가 승리하기 위해서는 강해야 합니다. 강해야 할 뿐만 아니라 승리의 법칙대로 싸워야 합니다.

하나님이 이 영적 전쟁에서 약속된 승리를 경험할 수 있도록 우리를 강하게 하는 승리의 법칙으로 주신 것이 전신갑주입니다. 하나님의 전신갑주는 한마디로 예수 그리스도로 옷 입는 것입니다. 우리는 예수 그리스도의 복음 안에서만 강한 군사가 될 수 있습니다. 예수님의 복음이 곧 승리의 법칙입니다.

지금까지 진리의 허리띠, 의의 가슴받이, 평화의 복음의 신, 믿음의 방패를 살펴보았습니다. 진리는 분명 존재합니다. 모든 사람들이 받을 수 있는, 역사의 기준이 되는 진리가 되기 위해서는 모든 것을 창조하신 분으로부터 나와야 합니다. 모든 것을 알고 계시고, 모든 것을 주관하실 수 있는 분으로부터 나와야 합니다.

하나님의 말씀은 곧 진리입니다. 이는 예수 그리스도가 진리라는 것입니다(요 1:14 참조). 세상은 진리가 없다는 헛된 이념 속에서 흐트러지고 있습니다. 그러나 모든 것의 기준이 되는 진리는 하나님이십니다. 우리는 그 진리의 허리띠를 띠고 영적 전쟁에 나가야 합니다. 우리의 모든 무기를 그 허리띠에 매달아야 합니다.

하나님의 진리의 중심에는 우리를 값없이 의롭다 하시는 의가 있습니다. 의란 하나님과의 올바른 관계입니다. 하나님과 올바른 관계에 있기 위해서는 예수 그리스도를 의지해야 합니다. 죄인 된 우리가 어떻게 하나님 앞에 설 수 있습니까? 예수 그리스도를 붙잡을 때, 그분의 의가 나의 의가 될 때만 우리는 하나님 앞에 설 수 있습니다.

의의 가슴받이를 붙일 때 우리 마음속에 평안이 임합니다. 하늘에서 임하는 평안, 세상에서는 얻을 수 없는 평안이 하늘로부터 주어집니다. 진리의 중심에는 하나님의 의가 있고, 그 하나님의 의는 우리에게 하나님의 평안을 가져다줍니다. 이 세상에 어떤 시험과 유혹과 공격이 있다 할지라도, 우리의 발걸음이 평안 가운데 있다면 우리는 이 세상을 뛰어다닐 수 있습니다.

우리는 우리에게 주어진 모든 것들을 믿음으로 받아들여야 합니다. 우리를 값없이 의롭다 하신 그 복음을 믿는 믿음으로 방패를 삼아야 합니다. 이처럼 전신갑주를 구성하는 하나하나가 모두 예수 그리스도의 복음의 내용입니다.

이제는 구원의 투구입니다. 구원이라는 단어가 진부하고 따분한 단어로 여겨진다면 둘 중 하나입니다. 아직 그리스도를 만나 구원받지 못했거나, 아니면 구원받았음에도 복음 안에서 강건하지 못해 영적 전쟁에서 패배하고 있는 것입니다.

당신이 처한 상태를 직시하라

구원이라는 단어만큼 감격적이며 살아 있는 단어는 없습니다. 2011년 소말리아 앞바다에서 해적들에게 납치되었던 선원 21명이 아덴만 여명 작전에 의해 구출되었을 때 구원받은 선원들과 가족들 및 국민들이 얼마나 감격했습니까? 날씨가 좋고 바닷물이 잔잔할 때 사람들은 배에 달려 있는 구명보트에 전혀 신경을 쓰지 않습니다. 그러나 배가 풍랑을 만나 좌초되어 침몰되고 있다면 모든 사람들은 구명보트를 찾느라 난리가 날 것입니다.

어떤 모르는 사람이 갑자기 알약 두 개를 건네준다고 생각해 봅시다. 그 알약을 먹으라고 한다면 먹겠습니까? 그런데 만일 그 사람이 당신의 질병을 고치는 의사이며 그 약을 먹지 않을 경우 죽을 수도 있는 상황이라면 어떻습니까? 그래도 안 먹겠습니까? 구원이라는 단어가 살아 있는 단어가 되기 위해서는 우리가 어떤 상태에 있는지, 혹은 어떤 상태에 있었는지를 알아야 합니다. 구원의 감격을 회복하려면 우리가 그리스도를 만나기 전 얼마나 위급하고 위험한 상태였는가를 기억해야 합니다. 인간의 위급한 상태에 대해 예수님처럼 직설적이고 단호하게 말씀하신 분은 없습니다. 예수님은 인간을 잃어버린 양, 잃어버린 동전, 집을 나간 탕자, 홍수로 무너질 운명에 처한 모래 위에 지은 집 등으로 비유하셨습니다.

에베소서 2장 1-3절은 모든 인간이 처한 상태를 구원이 절대적으로 필요한 상황으로 말씀합니다.

여러분 또한 여러분의 허물과 죄로 죽은 사람들이었습니다. 그때 여러분은 이 세상 풍속을 따라 허물과 죄 가운데 살았고 공중의 권세 잡은 자, 곧 지금 불순종하는 아들들 가운데 활동하고 있는 영을 따라 살았습니다. 그때는 우리도 다 그들 가운데 속해 육체와 마음이 원하는 것들을 행하며 육체의 욕망대로 살았습니다. 그래서 우리도 그들과 마찬가지로 태어날 때부터 진노의 자녀들이었습니다 (엡 2:1-3).

위의 말씀은 인간의 상태를 '허물과 죄로 죽은 사람들'이라고 표현합니다. 이 표현은 두 가지 면에서 특이합니다. 현재 살아 있는 사람들을 가리켜 죽은 사람들이라고 한 것이 특이하고, 또 현재 살아 있는 사람에 대해 미래에 죽을 사람들이라 하지 않고 이미 과거에 죽은 사람들이라고 한 것이 특이합니다.

아무리 생기 있고 밝고 즐겁게 사는 사람일지라도 구원받지 못했다면 영적으로 죽은 사람입니다. 영적인 죽음은 하나님과 관계없는 상태를 뜻합니다. 하나님과 전혀 관계가 없다는 것은 영적인 생명이 없다는 것입니다. 하나님에게 나아가려는 어떤 의지나 열망도 없고, 하나님의 사랑과 진노에 대해서도 전혀 반응이 없는 상태입니다.

이렇게 영적인 죽음의 상태가 된 것은 '허물과 죄' 때문입니다. 허물은 '관계에서 떨어져 나갔다'는 뜻이고, 죄는 '과녁을 맞히지 못하고 벗어났다'는 뜻입니다. 비슷한 의미의 단어를 반복해서 강조한 것입니다. 허물과 죄 가운데, 허물과 죄로 인해 하나님과 상관없는 죽은 인생을 살게 된 것입니다.

어거스틴은 죄와 관련해서 인간을 네 가지 상태로 나누었습니다.

- 죄를 지을 수 있는 상태

- 죄를 짓지 않을 수 없는 상태

- 죄를 짓지 않을 수 있는 상태

- 죄를 지을 수 없는 상태

허물과 죄로 죽은 상태는 여기서 두 번째 단계인 '죄를 짓지 않을 수 없는 상태'입니다. 스스로의 힘으로는 죄를 벗어날 수 없는 죄의 종 된 상태라는 것입니다. 그리고 구원받았을 때 우리의 상태는 '죄를 짓지 않을 수 있는 상태'로 변화되어 결국엔 '죄를 지을 수 없는 상태', 즉 영화롭게 된 상태에 이르는 것입니다.

영적으로 죽은 자들이 따르는 세 가지 요소

인간을 아무런 속박이 없는 자유인이라고 말하는 것은 틀린 말입니다. 인간은 무엇인가에 종속되어야 살 수 있는 존재입니다. 인간은 무엇인가를 따라 사는 존재입니다. 이끌려 사는 존재입니다. 하나님의 종이든 죄의 종이든 종으로 살아갑니다. 미국의 마법 숭배자들의 숫자가 150만 명 정도라고 합니다. 코네티컷에 있는 트리니티 칼리지의 분석에 의하면 1990년에는 8천 명 정도였고 2008년에는 34만 명 정도였는데, 불과 10년 만에 100만 명 이상이 증가한 것입니다. 이는 그리스도인이 감소되는 숫자와 비례합니다. 사람들이 하나님을 거부하면 스스로 존재하며 사는 것이 아니라 다른 것을 따라 산다는 증거입니다.

우리가 하나님 안에서 영적인 생명이 없이 죽어 있을 때, 이는 그냥 죽은 상태로 머물러 있는 것이 아니라 다른 종류의 영적 세력에 대해서는 살아 있는 것입니다. 에베소서는 허물과 죄로 죽은 사람들이 세 가지를 따라 살았다고 말씀합니다. 이 세상 풍속을 따라, 불순종하는 아들들 가운데 활동하고 있는 영을 따라 그리고 육체의 욕망을 따라 살았다는 것입니다.

'이 세상 풍속을 따라' 산다고 할 때 여기서 '풍속'은 시대라는 뜻입니다. 헬라어로 '아이온'이라 하는데, 시대를 지배하는 악한 능력의 권세를 의미합니다. '공중의 권세 잡은 자, 불순종하는 아들들 가운데 활동하고 있는 영을 따라' 산다는 것은 사탄이 하나님에게 불순종하는 사람들을 통해서 일한다는 것입니다. 만일 세상에 불순종하는 사람들이 없다면 사탄은 그 영향력이 거의 미미해질 것입니다. '육체의 욕망을 따라' 산다고 할 때의 '육체'는 몸(소마)이 아닌 타락한 육신의 본성(삵스)을 의미합니다. 육체의 욕망은 불순종하는 사람들 가운데 나타나는 가장 뚜렷한 특징입니다.

이 죽은 자들이 따르는 세 가지 요소는 서로 연결되어 있습니다. 공중의 권세 잡은 자인 사탄은 이 시대를 주관하면서 악한 풍속을 조성해서 인간이 따라오게 만듭니다. 그러므로 외부적인 환경과 육신의 본성을 스스로의 힘으로 이길 수 있다는 생각은 무모합니다. 타락한 인간이 부패한 시대의 풍속을 만들고, 그 부패한 풍속이 또다시 타락한 인간을 재생산합니다.

이처럼 영적으로 죽어 있어 이 세상 풍속과 공중의 권세 잡은 영과 육신의 본성을 따라 사는 사람들을 가리켜 '진노의 자녀'라고 부릅니다. 진노의 자녀란 진노 받을 사람이라는 의미입니다. 인간에게는 100퍼센트 의로운 분노란 존재할 수 없습니다. 그러나 하나님의 진노는 100퍼센트 의로운 분노입니다. 하나님의 진노는 악에 대한 인격적이고 지속적이며 의로운 적대감으로, 이는 예측이 가능합니다. 마치 먹구름이 짙게 쌓여 올라가 때가 차면 비가 되어 쏟아지듯이, 하나님의 진노 또한 쌓여서 올라갑니다.

그리스도와의 연합을 통해 얻는 구원

인간의 상태가 이렇게 심각하다는 것을 깨닫지 못하기 때문에 사람들은 피상적인 해결책을 믿습니다. 법을 믿고, 교육을 믿고, 과학을 믿습니다. 그러나 어떤 법이나 제도, 교육이나 과학도 인류를 영적 죽음의 상태에서 구원해 주지 못합니다. 예수님이 이루신 구원은 인간을 이러한 죽어 있는 상태, 곧 죄에서 구원하신 것입니다. 하나님은 인간을 이러한 상태로 내버려 두시지 않았습니다.

> 그러나 자비가 풍성하신 하나님이 우리를 사랑하신 그 크신 사랑으로 인해 허물로 죽은 우리를 그리스도와 함께 살리셨습니다. (여러분은 은혜로 구원을 받은 것입니다.) 그리고 그리스도 예수 안에서 함께 일으키시고 함께 하늘에 앉히셨습니다(엡 2:4-6).

구원은 죽었던 사람들이 하나님의 생명을 받아 다시 살아난 것입니다. 하나님은 진노의 자녀였던 우리를 사랑의 자녀로 구원하셨습니다. 죄악된 본성에 이끌려 살았던 우리를 성령에 이끌려 살도록 구원하셨습니다. 불순종의 아들들이었던 우리를 순종의 아들들로 구원하셨습니다. 하나님이 죽음 가운데 있는 인간을 살리기 위해 택하신 방법은 그리스도와 함께 십자가에서 죽게 하고 그리스도와 연합해서 다시 살리시는 것이었습니다.

하나님은 허물로 죽은 우리를 그리스도와 함께 살리셨습니다. 그리스도와 함께 살리신 우리를 함께 일으키셔서 함께 하늘에 앉히셨습니다. 우리가 구원받는 방법은 예수 그리스도와 연합하는 것입니다. 예수 그리스도를 믿는 순간 우리는 그 믿음으로 그리스도와 함께하는 것입니다. 그분이 죽으셨을 때 우리의 옛 사람도 함께 죽었습니다. 그분이 부활하셨을 때 우리도 함께 부활했습니다. 그분이 승천하셨을 때 우리도 함께 승천했고, 그분이 하나님 보좌 우편에 앉으셨을 때 우리도 함께 하늘에 앉았습니다.

여기서 중요하게 강조되고 있는 것은 시제입니다. 그리스도와 연합된 죽음만이 아니라 부활도 과거 시제를 사용했고, 그리스도와 함께 하늘에 앉힘을 받는 것도 완료된 시제를 사용해서 현재에 이미 이루어진 것으로 표현했습니다. 이것은 그리스도 안에서 우리 안에 새로운 생명으로 이미 시작된 일이며, 또한 확실하게 이루어질 것을 완료된 시제로 표현한 것입니다. 또한 그것이 확실하게 이루어진다는 것은 우리에게 변화된 신분이 주어졌다는 것입니다. 우리의 행실의 변화가 있기 이전에 존재하는 '신분의 변화'를 설명하려 한 것입니다. 우리는 변화된 삶으로 변화된 신분을 얻는 것이 아닙니다. 변화된 신분이 있기에 변화된 삶을 만드는 것입니다. 세상의 질서는 행실의 변화로 어떤 신분을 얻습니다. 그러나 하늘의 질서는 신분의 변화로 어떤 행실이 따라오는 것입니다.

이제 '구원의 투구'라는 표현으로 돌아가 봅시다. '구원의 투구'란 그리스도를 통해 구원받아 변화된 우리의 신분을 잊지 않고 체험하는 것입니다. 우리에게 주어진 구원의 은혜로 인해 변화된 신분으로 살아가는 것입니다. 구원의 확신과 능력과 축복 속에 살아가는 것입니다.

그리스도와 같이 변화될 소망을 가지라

하나님이 우리를 지켜 주시는 것은 우리가 선한 행실만을 행하기 때문이 아닙니다. 우리가 하나님이 기뻐하시는 일만을 행하기 때문이 아닙니다. 때로 우리의 행실이 하나님을 기쁘시게 하지 못할지라도 우리의 신분 때문에 우리를 보호하시는 것입니다. 구원은 그리스도를 통해 우리가 하나님 앞에 설 수 있는 신분을 얻은 것입니다. 이렇게 은혜로 받은 구원을 통해 우리에게 주어진 새로운 신분이 우리가 적과 싸울 때 머리에 쓸 투구가 됩니다. 사도 바울은 데살로니가전서에서 이 구원의 투구를 소망으로 설명했습니다.

> 그러나 우리는 낮에 속한 사람들이니 정신을 차리고 믿음과 사랑의 가슴받이 갑옷을 입고 구원의 소망의 투구를 쓰자(살전 5:8).

에베소서에서 구원의 투구라고 표현한 것을 데살로니가전서에서는 구원의 소망의 투구라고 덧붙였습니다. 이는 구원받은 자에게는 소망이 있으며, 이 소망이 우리를 영적 전쟁에서 보호한다는 것입니다. 구원은 다가올 미래의 것입니다. 이는 우리의 몸이 온전히 구속되는 것입니다. 하늘에 앉힌바 됨을 체험하는 것입니다.

지금은 우리가 지식과 정보로 듣지만, 다가올 미래에는 실제로 그리스도와 함께 하늘에 앉힌바 됨을 체험하게 될 것입니다. 지금은 우리 몸이 질병과 세상의 욕심과 욕망과 싸우는 단계에 있지만, 다가올 미래에는 온전히 자유하게 돼서 이제는 죄를 지을 수 없는, 죄와 악과 완전히 결별한 상태로 변화될 것입니다. 이것이 바로 소망입니다. 그리스도와 같이 변화될 소망인 것입니다. 이 소망은 새로운 신분이 주어진 자들만 누릴 수 있습니다.

우리는 구원받은 자로서 그리스도 안에서 무엇을 소망합니까? 온전한 구속, 곧 몸의 구속을 소망합니다.

> 그뿐 아니라 또한 성령의 첫 열매를 가진 우리조차도 속으로 탄식하며 양자 됨, 곧 우리 몸의 구속을 기다리고 있습니다. 이는 우리가 이 소망 가운데 구원을 받았기 때문입니다. 그러나 눈에 보이는 소망은 소망이 아닙니다. 보이는 것을 누가 소망하겠습니까?(롬 8:23-24)

우리는 승리하기 위해 싸우는 것이 아니라 최후에 얻을 승리의 소망 가운데 싸우는 것입니다. 승리에 대한 소망이 없다면 패배할 수밖에 없습니다.

그리스도 안에 있는 자들의 몸은 온전히 구속될 것입니다. 그리스도의 부활의 생명으로 그분과 같이 변화될 것입니다. 다시는 죄를 지을 수 없는 상태로 변화될 것입니다. 지금은 때로 쓰러지지만 전혀 쓰러지지 않는 상태로 변화될 것입니다. 이것이 구원입니다.

이 구원을 투구를 쓰듯이 온전히 깨닫고 그 안에 거하면 소망 가운데 승리하게 됩니다.

> 우리가 가진 이 소망은 안전하고 확실한 영혼의 닻과 같아서 휘장 안으로 들어가게 합니다(히 6:19).

이 소망은 안전하고 확실한 영혼의 닻이 되어 줍니다. 닻이 견고히 내려진 배는 파도에 휩쓸려 내려가지 않듯이, 그리스도를 통해 구원받은 자들의 소망은 우리의 영혼을 견고히 지켜 줍니다.

구원의 소망의 투구를 쓰십시오. 그리스도의 십자가와 부활로 우리에게 주어진 새로운 신분을 기억하십시오. 하나님의 자녀로서 우리 몸도 온전히 구속받을 것을 바라보십시오. 사탄이 세상을 통해 우리를 공격해도 그리스도 안에서 우리에게 주어진 신분은 빼앗을 수 없습니다.

사탄이
하나님의 말씀에 굴복하는 것은
전능하신 하나님의 권위와 능력이
나타나기 때문입니다.

6

성령의
검

성령님은 하나님의 깊은 것들까지도
자세히 살피는 분이십니다.
또한 우리가 깨달아 알도록 드러내는 분이십니다.

대부분의 사람들은 중립적인 입장에 서는 것을 좋아합니다. 세상의
많은 일들이 이럴 수도 있고 저럴 수도 있는 일들이기 때문입니다.
그런데 신앙에 있어서는 중립적인 입장이란 존재할 수 없습니다.
성경은 사람들이 좋아하는 중립적인 입장을 다루지 않습니다. 하나
님과 사탄, 선과 악, 옳고 그름, 구원과 멸망, 천국과 지옥 등 중립이
존재할 수 없는 진리만을 다룰 뿐입니다.

　우리는 하나님의 자녀든 사탄의 자녀든 둘 중 하나입니다. 요한
은 그의 책에서 "죄를 짓는 사람은 누구나 마귀에게 속해 있습니

다"(요일 3:8)라고 말했습니다. 그는 또한 하나님의 아들이 나타나심으로 "하나님의 자녀와 마귀의 자녀가 분명히 드러납니다"(요일 3:10)라고 말했습니다. 우리가 하나님의 자녀라면 우리는 사탄 마귀와 싸우는 편에 서 있는 것입니다. 하나님의 자녀는 이 땅에 사는 동안 이 싸움 없이 안락하게 살아갈 수 있다는 기대를 버려야 합니다.

진정한 그리스도인이 되려면 군사가 되어야 합니다. 그리스도인에게는 승리하는 군사가 되느냐, 아니면 패배하거나 항복한 군사가 되느냐 둘 중 하나의 길밖에 없습니다. 하나님은 힘이 필요해서 도움을 요청하기 위해 우리를 군사로 부르신 것이 아닙니다. 하나님은 예수 그리스도 안에서 이미 승리하셨습니다. 하나님은 자유의지를 가진 인간들이 패배한 사탄 마귀에게 속아 하나님 반대편에 서서 사탄 마귀와 함께 멸망하는 일이 없도록 우리를 통해 일하기를 원하시는 것입니다.

하나님은 우리가 그리스도 안에서 승리할 수 있는 모든 준비를 갖추어 주셨습니다. 이는 하나님의 전신갑주라고 불리는 영적 장비들입니다. 이 장에서는 성령의 검, 곧 하나님의 말씀에 대해 살펴볼 것입니다. 앞서 살펴본 장비들과 구별되는 것은 이것이 '공격용 무기'라는 것입니다.

성령의 검으로 공격해서 승리를 쟁취하라

진리의 허리띠, 의의 가슴받이, 평안의 신, 믿음의 방패, 구원의 투구들은 공격적인 요소보다는 방어적인 요소가 더 큰 장비들이었습니다. 그런데 '검'은 공격과 방어라는 이중적인 목적으로 사용될 수 있는 무기입니다. 사탄 마귀를 피하고 막을 뿐만 아니라, 마귀가 피해 도망가게 만들 수 있는 무기인 것입니다. 전쟁에서 적의 공격에 방어만 한다는 것은 있을 수 없는 일입니다. 정복당하지 않는 것만으로는 충분하지 않습니다. 우리는 정복해야만 합니다.

정복을 통한 승리는 타협이나 양보로 이루어지지 않습니다. 영적 전쟁에 있어서 제일 무서운 것이 타협과 양보입니다. 거룩한 전쟁에서는 중립적인 입장에서 얻을 수 있는 것이 아무것도 없습니다. 우연한 승리 또한 있을 수 없습니다. 철저한 전략을 통한 치열한 순종과 헌신이 있어야만 승리할 수 있습니다.

본문을 통해 우리의 대장 되시는 예수님이 외치십니다. '성령의 검'을 가지라! '성령의 검'으로 무장하라! 여기서 '검'은 '장검'이 아니라 '단검'입니다. 로마 군사들은 긴 창이나 장검도 무기로 사용했지만, 각자가 휴대한 단검도 있었습니다. 이 단검은 적과 아주 가까이 마주해서 백병전으로 싸울 때 꼭 필요한 무기입니다. 적이 멀리서 많은 불화살들을 쏘아 공격할 때는 방패로 막아 내야 하지만, 기습적으로 나타나 아주 가까이서 공격할 때는 백병전으로 맞서 싸워야 합니다. 이때 다른 무기는 전혀 먹혀들지 못합니다. 그래서 자유 자재로 사용할 수 있는 단검이 필요합니다. 이것이 바로 '성령의 검' 입니다. 이는 성령님이 가지고 계시며 사용하는 검이라는 뜻입니다.

성령이 하시는 일

성령님은 비둘기처럼 평화로우며 아침 이슬처럼 조용하십니다. 성 령님은 기름처럼 부드러우며 바람처럼 시원하십니다. 이러한 비유 들은 위로와 평화의 영으로서의 성령님을 표현한 것입니다. 그런데 또한 성령님은 불처럼 태워 버리며 칼처럼 예리하십니다. 성령님은 진리의 영으로서 책망과 심판의 영이시기도 한 것입니다.

우리 마음을 살피심

예수님이 떠나가면서 보혜사 성령님을 소개해 주실 때 제일 먼 저 설명하신 표현이 '진리의 성령'이라는 말씀이었습니다. 예수님 은 진리의 성령이신 보혜사가 오셔서 행하시는 일에 대해 이렇게 말씀하셨습니다.

보혜사가 오시면 죄에 대해, 의에 대해, 심판에 대해 세상을 책망하실 것 이다(요 16:8).

진리의 영이신 보혜사 성령님은 죄에 대해 세상을 책망하는 분이십니다. 책망하실 뿐만 아니라 불로써 심판하는 분이십니다. 성령님이 사용하시는 검은 사람의 마음을 찔러 피를 흘리게 합니다. 죄가 있는 모든 마음을 그 검으로 찌르시는 것입니다. 영혼 깊은 곳의 비밀까지도 파헤쳐서 그 죄에 대해 책망하고 불태우시는 것입니다. 죄를 교수대 위에 올려놓고 자신의 검으로 사형 집행자가 되어 멸망시키시는 것입니다.

성령의 검은 사탄 마귀를 공격하는 무기이기 이전에 내 마음속에 있는 죄를 책망하고 심판하는 도구가 됩니다. 우리는 내 밖에 있는 적을 공격하기 이전에 내 안에 숨어 있는 적을 공격해야 합니다. 외부의 적에게 이용당하는 내부의 적을 먼저 분별하고 제거해야 합니다. 이처럼 성령의 검은 사탄 마귀에게 속아 살아온 사람들의 마음속에 있는 모든 거짓과 속임수들을 진리로 심판하는 일을 합니다.

'성령의 검을 가지라'고 하실 때는 먼저 우리 자신을 성령의 수술대 위에 올려놓으라고 말씀하시는 것입니다. 성령의 검은 우리의 육체에 상처를 주지 않고 마음 깊이 파고들어가 죄를 제거하는 수술을 행합니다. 이때 상한 양심은 피를 흘리게 됩니다. 그러나 그 수술 가운데 경험하는 고통은 회복과 구원의 선물을 가져옵니다. 찰스 스펄전은 "이 성령의 검은 두 날이 서 있는데 한쪽 날로는 죄에 대한 애착을 치고, 또 다른 날로는 자기 의에 대한 교만을 친다"고 말했습니다.

성령의 검은 하나님의 말씀입니다. 말씀은 성령님 자신이 만드셨기에 성령의 검이 되는 것입니다. 디모데후서 3장 16절은 "모든 성경은 하나님의 감동으로 된 것"이라고 말씀합니다. 베드로후서 1장 21절은 "성령의 감동하심을 받은 사람들이 하나님께 받은 말씀을 전한 것"이라고 말씀합니다. 여기서 헬라어 동사를 그대로 직역하면 '그들은 강한 바람에 의해 운반되듯 성령에 의해 운반된 것'이라는 뜻입니다. 하나님의 모든 말씀이 강한 바람이 그것을 모아 오듯 하나님의 마음에 있는 그분의 뜻을 우리에게 전달해 준다는 것입니다. 성령님은 우리가 깨닫지 못하는 삼위일체 하나님의 그 깊은 뜻과 계획과 성품을 우리에게 나타내 주셨습니다.

하나님께서는 성령을 통해 이것을 우리에게 깨달아 알게 해 주셨습니다. 성령께서는 모든 것, 곧 하나님의 깊은 것들까지도 자세히 살피시는 분이십니다(고전 2:10).

성령님은 하나님의 깊은 것들까지도 자세히 살피는 분이십니다. 또한 우리가 깨달아 알도록 드러내는 분이십니다. 성령님은 하나님의 깊은 뜻을 우리에게 전해 주시려고 하나님의 사람들을 감동시켜 성경을 기록하셨습니다.

성경은 하나님의 깊은 뜻을 우리에게 나타냅니다. 동시에 우리 자신의 깊은 마음의 죄를 드러냅니다. 하나님의 깊은 것들까지도 자세히 살피시는 분이 우리 마음의 깊은 것들까지도 자세히 살피시는 것은 당연한 일입니다.

하나님의 말씀은 살아 있고 힘이 있으며 양날 선 어떤 칼보다도 더 예리해 혼과 영과 관절과 골수까지 찔러 쪼개기까지 하며 마음의 생각과 의도를 분별해 냅니다. 그러므로 어떤 피조물이라도 하나님 앞에 숨을 수없고 오히려 모든 것은 우리에게서 진술을 받으실 그분의 눈앞에 벌거벗은 채 드러나 있습니다(히 4:12-13).

하나님의 말씀은 우리의 머리를 즐겁게 해 주는 지식이 아니라 우리의 마음을 찔러 수술하는 검입니다. 혼과 영과 관절과 골수를 찔러 쪼개어 마음의 생각과 의도를 분별해 내는 수술을 하는 것입니다. 어떤 피조물이라도 그분의 눈앞에 벌거벗은 채 드러납니다. 하나님의 말씀은 성령의 검으로서 이러한 영적 수술을 행하는 것입니다.

하나님의 말씀은 적을 공격하는 무기이기 이전에 성도들을 고치는 수술용 칼이 됩니다. 영적 전쟁에서 승리하려면 이 수술을 반드시 경험해야 합니다(히 4:12 참조). 내 안에 숨어 있으면서 적과 내통하고 있는 죄들을 성령의 검으로 잘라 내지 않으면 아무리 적을 공격하려 해도 적의 비웃음을 당할 수밖에 없습니다. 이미 내 속에 적이 들어와 있는데 외부의 적을 공격해야 아무 소용이 없기 때문입니다. 오랫동안 습관적으로 죄를 범해 내 안에 있는 적들이 어떤 것도 뚫을 수 없는 견고한 방어벽으로 자신을 숨기고 있다 할지라도 성령의 검, 곧 하나님의 말씀은 쪼개고 들어갈 수 있습니다.

하나님의 말씀은 또한 때에 따라 부수고 태우는 역할을 합니다.

여호와의 말이다. 내 말이 불과 같지 않느냐? 또 바위를 조각으로 깨뜨리는 망치와 같지 않느냐?(렘 23:29)

성령님은 하나님의 말씀을 우리 마음속에 불처럼 임하게 하셔서 우리의 죄를 태우게 역사하십니다. 또한 말씀을 우리 마음의 견고한 죄의 바위들을 깨뜨려 부수는 망치처럼 사용하십니다. 하나님의 말씀으로 내 안의 죄를 심판하시는 성령님의 역사를 체험하지 않고는 나를 공격하는 사탄 마귀를 공격해서 승리할 수 없습니다.

악한 자를 공격해 이기게 하심

성령의 검인 하나님의 말씀은 악한 자를 공격하는 효과적인 무기입니다. 예수님이 광야에서 사탄에게 공격받으실 때 사용해서 이기신 무기는 하나님의 말씀이었습니다. 돌을 빵으로 만들라는 사탄의 시험에 대항해서 예수님은 신명기의 말씀을 인용해 대답하셨습니다.

성경에 기록됐다. '사람이 빵으로만 사는 것이 아니라 하나님의 입에서 나오는 모든 말씀으로 산다'(마 4:4).

사람의 생명은 빵으로만 유지되는 것이 아니라 하나님의 말씀으로 유지되는 것임을 말씀하신 것입니다.

두 번째 시험에서 사탄은 놀랍게도 시편 91편 말씀을 인용해서 예수님을 시험했습니다.

하나님이 너를 위해 천사들에게 명령하실 것이다. 그러면 천사들이 손으로 너를 붙잡아 네 발이 돌에 부딪히지 않도록 할 것이다(마 4:6).

그분이 천사들에게 명령해 네 모든 길을 지켜 주라고 하실 것이기 때문이다. 천사들이 손으로 너를 들어 올려 네 발이 돌에 맞는 일도 없으리라(시 91:11-12).

그러나 사탄은 이 말씀을 잘못 인용했습니다. 사탄은 하나님의 말씀을 언제나 꼬아서 잘못된 곳에 사용합니다. 이단의 경우가 그렇습니다. 이단의 교리들은 대개 상황과 논리에 잘 맞지 않는 경우가 많습니다. 예수님은 사탄의 이러한 시험에 또다시 신명기에 있는 말씀으로 대답하셨습니다.

성경에 또 기록됐다. '주 네 하나님을 시험하지 말라'(마 4:7).

믿음이란 하나님을 시험하는 것이 아니라 하나님이 우리를 시험하시는 것입니다.

두 번째 시험까지 실패하자 사탄은 조급해졌습니다. 조급해졌다는 것을 어떻게 알 수 있습니까? 사탄의 말에서 치밀한 전략이 없어졌습니다. 단어 하나하나로 혼동을 일으키는 치밀함을 세 번째 시험에서는 찾아볼 수 없습니다. 사탄은 예수님에게 자신의 마음속이 훤히 들여다보이는 제안을 했습니다.

당신이 만약 내게 엎드려 경배하면 이 모든 것을 당신에게 주겠소
(마 4:9).

이 제안에 나타난 문제는 사탄이 자신이 좋아하는 것을 예수님

도 좋아하실 것이라고 착각했다는 것입니다. 사탄이 가장 원하는 것이 무엇입니까? 자신이 경배를 받는 존재가 되는 것입니다. 이에 예수님은 세 번째 공격을 이렇게 물리치셨습니다.

> 사탄아, 내게서 물러가라! 성경에 기록됐다. '주 네 하나님께 경배하고 오직 그분만을 섬기라'(마 4:10).

세 번의 다른 시험에 예수님은 모두 신명기에 있는 말씀들로 대답하며 공격해서 승리하셨습니다. 예수님은 평소에 늘 하나님의 말씀을 익숙하게 알고 계셨기에 성령 안에서 이 말씀들을 사용하신 것입니다. 예수님은 성령의 검을 사용하는 지혜를 터득하고 계셨던 것입니다.

예수님이 성령의 검을 사용하신 예를 통해 중요한 사항을 알 수 있습니다. 우리도 예수님처럼 성령의 검을 사용해 승리하기 위해서는 성령님과 살아 있는 관계를 맺고 있어야 한다는 것입니다. 성령의 검은 우리 마음대로 사용할 수 있는 무기가 아닙니다. 성령님이 사용하시는 무기이므로 우리가 성령님에게 온전히 매여 있어야만 하나님의 말씀이 성령의 검으로 사용될 수 있습니다.

성경 공부의 목표는 성령님과의 살아 있는 관계여야 합니다. 물론 많은 성경 지식은 꼭 필요하고 도움이 됩니다. 하지만 거기에 머물러서는 안 됩니다. 지식은 도리어 교만하게 만들기 때문입니다. 성경 말씀을 많이 알수록 성령님과 살아 있는 관계로 나아가야 합니다. 그럴 때 우리는 하나님의 말씀을 성령의 검으로 사용할 수 있게 됩니다.

성령님과 하나님의 말씀을 분리하면 영적 생활에 문제가 나타납니다. 하나님의 말씀 없이 성령님의 조명에만 치우친 사람들은 '내적인 빛'에만 집중해서 신비주의로 빠지게 되었습니다. 성령님의 조명 없이 말씀에만 치우친 사람들은 지식적이고 교리적인 지식 자체를 중시하고 성령님을 무시해서 생명 없는 종교 생활을 하게 되었습니다. 성령과 말씀은 하나가 되어야 합니다. 말씀을 깊이 공부하면 할수록 우리는 성령님의 임재 속에 깊이 들어갈 수 있어야 합니다. 성령님의 임재 속에 깊이 들어갈수록 우리는 하나님의 말씀을 성령의 검으로 자유롭게 사용할 수 있게 됩니다.

하나님의 말씀이 성령의 검으로 사용되는 것은 말씀 뒤에 있는 하나님의 권위를 의지하는 것입니다. 사탄이 하나님의 말씀에 굴복하는 것은 전능하신 하나님의 권위와 능력이 나타나기 때문입니다. 경찰관이 법의 권위에 근거해서 일하듯이, 우리는 연약하지만 하나님의 말씀의 권위에 근거해서 행동할 때 우리를 통해 성령의 검이 역사하게 되는 것입니다.

날마다 전투 태세를 갖추라

하나님의 말씀을 무기로 삼기 위해서는 적절한 상황에 맞는 하나님의 말씀을 마음에 새기고 있어야 합니다. 항상 살아 있는 말씀이 우리 마음의 칼집에 꽂혀 있어야 합니다. 필요할 때마다 언제든지 꺼내서 사용할 수 있도록 말입니다. 검을 꺼내서 사용하려고 할 때 검에 녹이 슬어서 꺼내지지 않는다고 생각해 보십시오. 또 꺼내긴 했는데 날이 무뎌져서 적을 베거나 찌를 수 없다고 생각해 보십시오.

사탄의 유혹과 공격에 맞서 하나님의 말씀을 사용할 때 우리는 두 가지 모습을 발견하게 됩니다. 하나는 사탄 앞에서 담대한 자신의 모습이고, 또 다른 하나는 도망가는 사탄의 뒷모습입니다. 하나님의 말씀을 마음에 새기고 사탄에게 선포할 때 우리는 성령님의 역사하심을 생생하게 경험하게 됩니다.

아침에 일어날 때마다 우리는 영적 전쟁을 준비해야 합니다. 아침마다 우리는 예수 그리스도로 옷 입어야 합니다. 옷을 입을 때 진리의 허리띠를 띠고 있다고 생각하십시오. 옷을 입으며 의의 가슴받이를 입고 있다고 생각하십시오. 우리는 복음의 신발을 신고, 믿음의 방패를 들고, 구원의 투구를 쓰고, 마지막으로 성령의 검을 차야 합니다.

우리는 잠자리에 들기 전 하루 동안 있었던 전쟁을 돌아보아야 합니다. 그리고 하루의 전쟁 기록부가 이런 기록이 되게 해서는 안 됩니다.

"○월 ○일, 아침에 출근하자마자 적군에게 항복한 후 그 대가로 목숨을 건져서 적군을 위해 일하다가 하루 종일 적군 텐트에서 편하게 지냄."

매일 그럴 수는 없어도 우리의 전쟁 기록부에는 이런 승리의 기록이 있어야 합니다.

"하나님, 오늘도 선한 싸움을 싸웠습니다. 저는 아무런 힘과 능력이 없었지만 하나님이 공급해 주신 신형 무기를 가지고 오늘도 승리했습니다. 특별히 어느 날 새벽에 새롭게 공급해 주신 성령의 검이 아주 효과적이었습니다. 내일은 어떤 말씀을 공급해 주실지 기대가 됩니다. 그런데 오늘 신고 나간 군화는 산 넘고 물 건너 싸우러 다니느라 다 젖어 버렸고, 방패는 적들이 쏘아 댄 화살을 막아 내느라 거의 못쓰게 되었습니다. 이 밤에 제가 자는 동안 천국의 무기고를 활짝 여셔서 내일 아침 싸우러 나가는 데 차질이 없도록 공급해 주십시오."

하나님의 말씀을 무기로 삼기 위해서는
적절한 상황에 맞는 하나님의 말씀을
마음에 새기고 있어야 합니다.
항상 살아 있는 말씀이
우리 마음의 칼집에 꽂혀 있어야 합니다.
필요할 때마다 언제든지 꺼내서 사용할 수 있도록 말입니다.

THE OVERCOMER

3부

성령님과
함께하는 기도

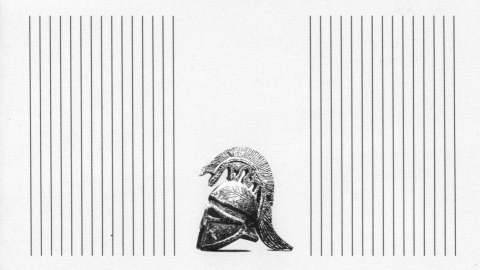

기도는 우리 안에 있는 하나님의 생명에
영양분을 공급하는 일입니다.
기도는 영혼의 습관적인 식사와도 같습니다.

1

일상 기도와
하나님의 '항상'

하나님은 우리가 항상 기도함으로
우리를 사랑하시는 하나님의 사랑 안에
온전히 거하기를 원하십니다.

우리는 자신의 힘으로 사탄의 공격을 대적할 수 없습니다. 사탄은 사람이 이해하고 파악할 수 있는 차원에서 공격하지 않기 때문입니다. 영적 공격은 오직 하나님만 감지하실 수 있는 차원에서 이루어지기 때문에 우리가 사탄과 대적해서 승리할 수 있는 유일한 비결은 하나님이 시키신 대로 하는 것입니다. 하나님의 전신갑주를 입으라고 하셨으니 전신갑주를 입어야 하는 것입니다.

본문은 전신갑주를 입으라는 말씀에 이어서 기도할 것에 대해 강조합니다. 본문 18-20절까지가 기도에 대한 말씀입니다. 하나님의 전신갑주에 대한 말씀에 이어서 왜 기도에 대한 말씀이 나오는 것일까요? 하나님의 전신갑주를 입어야 하는 이유가 바로 올바로 기도하기 위함이기 때문입니다.

우리가 영적 전쟁에서 승리하고 있는지를 점검해 보려면 기도 생활을 들여다봐야 합니다. 기도가 쉽게 잘되고 있다면 사탄의 공격이 완전히 실패한 것이고, 기도하기가 어렵게 느껴진다면 사탄이 승리하고 있는 것입니다. 만일 기도가 막힌다면 이는 사탄이 우리 마음속에 침투해 들어오고 있다는 뜻입니다. 우리가 진실하고 단순하게 능력 있는 기도를 하고 있다면 우리는 영적 전쟁에서 승리하고 있는 것입니다.

사탄은 우리가 기도하는 동안에도 공격합니다. 기도를 잘못 해석하게 만들기도 하고, 진실하게 기도하지 못하도록 방해하기도 합니다. 기도에 대한 가장 잘못된 해석은 기도를 어떤 대가를 치르는 것으로 해석하는 것입니다. 우리가 기도하면서 치른 대가의 크기에 따라 기도의 효과가 결정된다고 해석하는 것입니다. 기도의 본질은 우리가 치러야 하는 대가가 아니라, 하나님이 우리가 기도할 수 있도록 친히 치르신 대가입니다. 우리는 예수님이 십자가의 고난과 죽음을 통해 치르신 대가로 인해 기도할 수 있게 되었습니다. 우리의 기도는 오직 예수님의 십자가로 인해 가능하게 된 것입니다.

본문은 영적 전쟁에서 승리하는 기도 생활에 대해 다섯 가지로 말씀합니다. 첫째는, 항상 기도하는 것입니다. 둘째는, 성령 안에서 기도하는 것입니다. 셋째는, 깨어서 기도하는 것입니다. 넷째는, 성도를 위해 기도하는 것입니다. 마지막 다섯째는, 복음 증거를 위해 기도하는 것입니다. 앞으로 다섯 장에 걸쳐 이 다섯 가지 기도에 대한 말씀을 순서대로 살펴볼 것입니다.

'항상 기도하라'에 담긴 의미

이 장에서 먼저 살펴볼 내용은 항상 기도하라는 명령입니다. '항상 기도하라'는 이 말씀은 단순하지만 우리에게는 도저히 오를 수 없는 높은 산봉우리처럼 여겨집니다. 항상 기도하는 것이 과연 가능한 일일까요? 우리는 '항상'이라는 단어 앞에서 절망하며 포기하기 쉽습니다. 하지만 '항상' 기도하라는 말씀은 종일 기도만 하고 지내라는 뜻이 아닙니다. 모든 생활을 다 멈추고 기도회에만 참석하거나 가정, 직장, 학업 등 모든 생활을 중단하고 기도원에 올라가서 기도만 하라는 뜻도 아닙니다. 그것은 불가능한 문자적 해석입니다. 그렇다면 '항상 기도하라'는 말씀의 의미는 무엇일까요?

호흡하듯 기도하라

첫째는, 호흡하듯 기도하라는 것입니다. 우리가 일을 하건 밥을

먹건 공부를 하건 농사일을 하건, 심지어 잠을 자면서도 항상 하고 있는 것이 있습니다. 무엇입니까? 호흡입니다. 호흡은 중단 없이 항상 이루어집니다. 모든 행동과 함께 우리는 호흡합니다. 호흡이 있기에 행동할 수 있고 일할 수 있는 것입니다.

'항상 기도하라'는 말씀은 육체의 생명이 항상 호흡함으로 살아가듯 영혼의 생명을 위해 기도함으로 살아가라는 뜻입니다. 살아 있는 생명이 호흡하듯 모든 생활 속에서 우리 영혼이 하나님과 더불어 대화해야 한다는 것입니다. 기도는 우리 안에 있는 하나님의 생명에 영양분을 공급하는 일입니다. 기도는 영혼의 습관적인 식사와도 같습니다. 우리가 습관적으로 호흡하고 습관적으로 식사하듯이, 기도 또한 우리 마음에 습관적인 행동이 되어야 합니다. 생명이 있으면 가르치지 않아도 호흡하는 것처럼, 생명이 있는 성도들은 기도가 자연스럽게 나와야 합니다.

우리가 기도하면 우리 안에 있는 하나님의 생명이 자라납니다. 그런데 사탄은 이 생명이 자라지 못하도록 우리의 기도를 막습니다. 기도 대신 염려하게 합니다. 염려와 근심의 원래의 뜻은 '목을 조르다', '호흡하지 못하도록 숨을 막다'입니다. 염려하는 이유는 하나님과 나와의 관계가 불편하다는 뜻입니다. 이는 사탄이 개입하고 있다는 뜻입니다. 염려는 우리의 목을 졸라 숨을 쉬지 못하게 합니다. 삶의 모든 염려를 내려놓고 하나님에게 나아갈 때에야 비로소 우리의 영혼은 호흡하게 됩니다.

호흡(呼吸)을 한자로 보면 들이마시고 내뱉는 것입니다. 호흡할 때 먼저 행해지는 것이 무엇입니까? 숨을 들이마시는 것입니다. 그 다음에 내뱉으며 호흡을 이어 갑니다. 이와 같은 호흡의 원리를 통해 알 수 있는 것이 있습니다. 하나님의 역사, 하나님의 은혜, 하나님의 임재가 우리에게 먼저 임했기에 우리가 그것을 내뱉을 수 있게 되었다는 것입니다. 하나님과 대화하는 일이 가능하게 되었다는 것입니다. 하나님의 생명의 역사가 먼저 내 안에 임했기에 내가 기도할 수 있게 된 것입니다.

영혼의 호흡인 기도는 너무나 소중합니다. 기도는 우리 영혼에 하나님의 생명의 영양을 공급하는 것입니다. 우리가 호흡을 통해 몸 안에 산소를 공급함으로 살아가듯이, 기도는 하나님의 생명이 우리 안에서 자라도록 하나님의 생명의 영양을 공급하는 것입니다. 하나님의 생명이 있는 사람은 세상에서 늘 답답함과 갈급함을 느낍니다. 영혼의 호흡이 막혀 있기 때문입니다. 그래서 우리는 예배의 자리에 나아와 기도하고 찬송하며 하나님 앞에서 영혼의 호흡을 하는 것입니다.

때로 우리 스스로 기도하지 않을 때 인공호흡기를 껴 주는 분이 계십니다. 성령님이십니다. 무엇을 기도해야 할지 모르는 상황에 말할 수 없는 탄식으로 우리 안에서 기도하십니다. 그분이 우리의 호흡을 유지하도록 역사해 주시기에 우리는 살 수 있는 것입니다.

하나님 앞에서는 모든 시간이 거룩합니다. 하루 중에 거룩하지 않은 시간은 단 1분도 없습니다. 한 주간 가운데 거룩하지 않은 날은 단 하루도 없습니다. 우리의 모든 삶에서 거룩하지 않은 해는 단한 해도 없습니다. 매일 매 순간이 거룩한 시간입니다. 우리는 언제어느 때든지 기도할 수 있습니다. 우리가 기도하지 않아도 되는 때는 한순간도 없습니다.

모든 일상을 가지고 나아가라

'항상 기도하라'의 두 번째 의미는, 모든 일상생활을 가지고 하나님 앞에 나아가라는 것입니다. 이는 첫 번째와 연결되어 더 발전된 형태로 나타나는 의미입니다. 항상 기도하는 것은 현실과 아무괴리감 없이 기도하는 것입니다. 우리를 둘러싸고 있는 현실 세계의 모든 사건들을 하나님 앞에 꺼내 놓고 기도하는 것입니다. 만일 일상의 구체적인 내용들을 가지고 하나님 앞에 나아가지 않는다면 그것은 두 경우 중 하나입니다. 첫째는, 하나님 앞에 나아가는 것이 현실 속의 자신이 아니라 거짓과 가식으로 꾸민 자신일 경우이고, 둘째는, 하나님 없이 자신의 힘으로 무엇인가를 해 보려고 노력하는 경우입니다.

기도는 기도하는 것 그 이상입니다. 기도란 모든 일상에서 하나님에게 열려 있는 삶입니다. 그때 우리의 모든 일상은 기도가 되고, 기도는 곧 일상이 됩니다. 기도란 모든 일상에서 하나님을 경험하는 것입니다. 하나님은 세상을 창조한 초월자이신 동시에 세상에 내재하십니다. 세상을 창조하신 후 자연 법칙을 만들고 내버려 두시는 하나님이 아니라, 만드신 모든 자연 만물 안에 내재하며 움직이는 하나님이십니다. 따라서 항상 기도한다는 것은 모든 일상생활 속에 임재하시는 하나님을 만나는 것입니다. 그렇다면 모든 일상생활 속에 임재하시는 하나님을 어떻게 만날 수 있을까요? 일상의 모든 필요를 하나님에게 어린아이처럼 구함으로 만날 수 있습니다. 하나님은 일상적인 모든 필요를 어린아이처럼 구하는 것을 기뻐하십니다.

물질계를 경시하는 그리스의 스토아 철학자들은 자신들의 삶에 초연할 수 있다며 교만해서 자랑했습니다. 소크라테스가 사형 집행관이 건네는 독약을 태연히 받을 수 있었던 것은 이러한 이유에서입니다. 그런데 이러한 스토아 철학의 영향으로 우리 일상의 모든 필요를 하나님에게 아뢰는 것은 잘못이라는 생각이 교회 안에 자리를 잡았습니다. 위대한 초대교회의 교부였던 어거스틴도 이러한 철학의 영향을 일부 받은 것 같습니다. 그는 "하나님 자신 외에는 하나님에게 아무것도 구하지 말라"고 말했습니다. 이는 절반만 맞는 말입니다. 우리가 일상의 모든 필요를 하나님에게 아무것도 구하지 않는다면 우리는 악한 세상에서 표류하게 됩니다. 하나님 없이 모든 것을 누리고 있다고 착각하며 살아가게 됩니다.

어린 시절, 한 목사님의 설교에 은혜를 받았습니다. 하나님은 우리가 기도하기 전에 우리에게 있어야 할 것을 다 아신다는 말씀이었습니다. 그 뒤로 제 기도는 언제나 간단명료했습니다. "하나님, 다 아시죠?" 그런데 문제가 생겼습니다. '쉬지 말고 기도하라, 항상 기도하라, 모든 것을 아뢰라'는 말씀과 충돌이 일어난 것입니다. '다 아시는 하나님이 왜 모든 것을 구하라고 하시는 걸까?' 그러던 어느 날 하나님이 한 깨달음을 주셨습니다. 그날도 저는 "하나님, 다 아시죠?" 하는 자세로 기도했습니다. 그런데 하나님이 말씀하셨습니다. "다 안다. 그런데 너는 아니?" 돌이켜 보니 하나님은 나에게 있어야 할 모든 것을 구하지 않아도 다 주셨습니다. 그런데 그런 식으로 기도하다 보니, 하나님이 모든 것을 선물로 주셨음에도 그것을 잊어버리고 감사하지 않은 채 살았던 것입니다. 마치 내가 잘나서 모든 것이 주어진 것으로 착각하며 살았던 것입니다.

모든 일상생활의 필요를 하나님에게 기도함으로 구해야 하는 이유는 모든 것이 하나님이 주신 선물이기 때문입니다. C. S. 루이스의 영적 스승인 조지 맥도날드(George Macdonald)는 이런 말을 했습니다.

"정말 좋은 선물에는 두 가지 특징이 있습니다. 첫째, 선물 안에 선물을 주는 이가 함께 담겨 있습니다(하나님은 언제나 그러십니다. 하나님은 사랑이시기 때문입니다). 둘째, 받는 사람이 선물 안의 주는 이를 알아보고 받아들입니다. 하나님이 주시는 모든 선물은 그분의 가장 크고 온전히 만족스러운 유일한 선물인 그분 자신의 전조일 뿐입니다. 주시는 분이 하나님이심을 알아차리지 못한 선물은 최고의 선물이 아닙니다. 하나님이 기꺼이 주실 마음이 있고 우리에게 꼭 필요한 것들인데도 우리가 구하기 전까지 주어지지 않는 이유가 여기 있습니다. 그것들의 출처가 어디인지 우리에게 알리고자 하심입니다. 모든 선물 안에서 하나님을 발견할 때, 그때 우리는 그분 안에서 모든 것을 발견하게 될 것입니다."

때로 기도하지 않고 받은 선물이 진정한 선물이 되지 못하는 이유는 우리가 출처를 잊어버리기 때문입니다. 진정한 선물은 그 안에 선물을 준 대상이 담겨 있고 우리는 그것을 깨달아야 하는데, 하나님으로부터 많은 선물을 받았음에도 불구하고 하나님 그분이 진정한 선물임을 알지 못한다는 것입니다. 그래서 때로 하나님은 우리에게 주실 마음이 있고 그것이 우리에게 꼭 필요한 것임에도 불구하고 우리가 구할 때까지 기다리십니다. 때로는 더디 주시며, 때로는 안 주실 때도 있습니다. 우리가 출처를 분명히 깨닫게 하시기 위해서입니다.

모든 일상에서 하나님 앞에 기도하는 것은 이 모든 선물을 주시는 분이 하나님이심을 깨달아 가는 과정이기에 항상 기도해야 합니다. 이렇게 항상 기도할 때 사탄은 하나님이 주시는 선물을 가지고 우리를 넘어뜨리지 못합니다. 많은 사람들이 하나님이 주신 귀한 선물을 받은 후 넘어지고 실족하는 것을 봅니다. 때로는 영적인 은사를 받은 사람도 하나님이 당신의 일을 위해 주신 선물의 출처를 잊어버려 그것이 마치 자신의 능력인 양 착각하며 하나님의 뜻과 상관없이 살아가는 것을 봅니다. 모든 일상을 하나님에게 구하며 살아가는 사람은 모든 것이 하나님이 주신 것이므로 하나님의 임재 속에 살아가게 됩니다. 모든 선물 안에서 하나님을 발견하려면 모든 일상의 필요를 구하며 하나님에게 항상 기도해야 합니다.

하나님 편에서도 '항상'임을 기억하라

'항상 기도하라'의 세 번째 의미는 두 번째 의미에 연결되어 발전된 의미로, '항상'이라는 단어는 우리의 입장만이 아니라 하나님 편에서도 '항상'이 된다는 것입니다. 하나님은 항상 우리의 기도에 응답할 준비를 하시며, 우리를 향한 뜻을 이룰 준비를 하고 계십니다. 하나님은 항상 우리를 향해 열려 계십니다. 하나님의 뜻을 알려주는 데 관대하십니다. 그런데 우리는 항상 열려 계시고, 준비하시고, 일하고 계신 하나님의 뜻을 잘 깨닫지 못해 조금 기도하다가 쉽게 포기합니다. 이런 우리를 향해 누가복음 18장은 항상 기도하며 포기하지 말아야 할 것을 말씀합니다.

누가복음 11장은 우리가 항상 기도할 수 있는 이유를 두 가지 비유를 통해서 알려 줍니다. 첫 번째는, 친구에게 끈질기게 간청하는 비유입니다. 한 사람이 여행 중에 찾아온 친구에게 내놓을 음식이 없어서 다른 친구에게 빵 세 덩이를 빌려 달라고 요청합니다. 그런데 문제는 한밤중이어서 잠자리에 든 시간이라는 것입니다. 한밤중 잠든 시간에 찾아온 것은 무례한 일이기에 친구라도 거절하고 싶지만, 끈질기게 강청하면 거절하지 못할 것이라는 비유입니다.

> 내가 너희에게 말한다. 친구라는 이유만으로는 그가 일어나 빵을 갖다 주지 않을지라도, 끈질기게 졸라 대는 것 때문에는 일어나 필요한 만큼 줄 것이다(눅 11:8).

예수님은 이 비유를 통해 친구와 하나님 아버지를 비교하십니다. 친구가 끈질기게 요청해야 들어주는 것처럼 하나님도 귀찮을 때까지 끈질기게 요청해야 우리 기도를 어쩔 수 없이 들어주신다는 것이 아니라, 정반대인 불편한 상황에 있는 친구와 전혀 불편하지 않으신 하나님을 대조해서 비교하고 계신 것입니다. 친구는 아무리 친해도 불쾌하게 생각할 수 있는 상황이 있습니다. 그러나 하나님에게는 그런 상황이 있을 수 없습니다. 하나님은 '항상' 우리 기도에 응답할 준비가 되어 있으시기 때문입니다. 하나님은 어떠한 경우에도 우리의 기도를 무례하게 여기거나 불쾌하게 받는 일이 없으십니다. 하나님은 항상 도울 준비가 되어 있으시기 때문입니다.

두 번째는, 육신의 아버지의 비유입니다. 육신의 부모와 하나님 아버지를 비교한 것입니다. 아들이 생선을 달라 하는데 뱀을 주거나 자녀가 달걀을 달라 하는데 전갈을 줄 아버지는 없을 것입니다.

> 너희가 악할지라도 너희 자녀에게 좋은 것을 줄 줄 알거든 하물며 하늘에 계신 너희 아버지께서 구하는 사람에게 성령을 주시지 않겠느냐?(눅 11:13)

육신의 부모는 때로 변하지만 하나님 아버지는 변하지 않으십니다. 육신의 부모는 쉽게 분노하지만 하나님 아버지는 오래 참으십니다. 이러한 육신의 부모에게도 자녀로서 항상 담대하게 구할 수 있다면, 하나님 아버지에게는 자녀로서 더욱 담대하게 구할 수 있지 않느냐는 말씀입니다.

우리가 포기하지 않고 끈질기게 항상 기도해야 한다는 것이 마치 하나님이 우리 기도에 응답하기를 원하지 않으시는 것처럼 여겨질 수도 있습니다. 하지만 그것은 하나님이 뜻을 돌이키시기 힘든 분이기 때문이 아니라, 우리가 하나님의 뜻으로 돌이키기 힘든 존재이기 때문입니다. 우리 안에 심각한 죄가 있기 때문입니다. 기도하지 않고, 기도하더라도 하나님의 뜻과 상관없이 죄에 속한 제목으로 구하는 소원들이 너무나 많기 때문입니다.

기도는 하나님의 뜻을 원하지 않는 우리의 육신을 죽이는 과정입니다. 우리가 끈질기게 기도해야 하는 것은 하나님이 인색하시기 때문이 아니라 우리 육신의 고집이 세기 때문입니다. 기도에 있어서 필요한 끈질김은 하나님을 설득하는 끈질김이라기보다, 우리의 소원을 하나님 뜻에 맞추고 우리 육신의 고집을 꺾는 데 필요한 끈질김입니다.

항상 기도해야 하는 이유

하나님은 우리가 항상 기도함으로 우리를 사랑하시는 하나님의 사랑 안에 온전히 거하기를 원하십니다. 우리의 생명의 호흡이기에, 우리의 모든 생활 속에서 하나님의 임재를 체험해야 하기에 항상 기도해야 하지만, 하나님이 우리에게 항상 기도하라고 하시는 것은 우리를 사랑하시기 때문입니다.

사랑하는 이로부터는 이미 알고 있는 것이라도 다시 듣기를 원합니다. 사랑하는 배우자가 사랑한다고 고백하면 이미 알고 있는데 왜 자꾸 하냐고 귀찮아하지 않는 것처럼 말입니다. 항상 들어도 사랑한다는 고백은 새롭고 즐겁습니다. 그래서 사랑은 항상 고백해야 합니다. 사랑하는 관계에서는 주고자 갈망하는 것을 상대가 간절히 구하기를 바랍니다. 상대가 간절히 구하는 것을 주고 싶어 하기 때문입니다. 이것이 항상 기도해야 하는 이유입니다.

항상 기도하려면 기도를 더 자주 해야 합니다. 포사이스(Forsyth)는 《영혼의 기도》(복있는사람 역간)라는 책에서 이렇게 말했습니다.

"기도가 안 된다, 기도하고 싶은 마음이 들지 않는다고 말하지 말라. 오히려 기도하고 싶은 마음이 들 때까지 기도하라. 좀 더 나은 차원의 일을 놓고 유추해 보자. 때로는 휴식이 가장 필요할 때 오히려 불안하고 들떠 차분히 누워 쉬지 못하는 경우가 있다. 그럴 때는 억지로라도 누워 있어야 한다. 10분만 그렇게 누워 있으면 누워 있을 수 없을 것 같은 강박감이 차츰 사라지면서 잠에 빠진다. 잠에서 깨어날 때는 전혀 새로운 사람이 된다."

누워도 잠이 안 올 때는 어떻게 해야 합니까? 잠이 올 때까지 그냥 누워서 기다려야 합니다. 기도도 마찬가지입니다. 기도하고 싶어서만 기도하면 항상 기도하지 못합니다. 하지만 기도하고 싶지 않을 때도 기도하면 기도하고 싶은 마음이 생겨납니다. 모든 생활을 하면서 호흡하듯, 모든 생활의 이면에 하나님과의 대화가 살아 있어야 합니다. 그러면 우리를 사랑하셔서 '항상' 응답할 준비가 되어 있으신 하나님의 사랑을 만나게 될 것입니다.

항상 기도해야 영적 전쟁에서 승리할 수 있습니다. 우리의 대적인 사탄은 우리를 쉬지 않고 공격하고 있기 때문입니다. 항상 기도하는 자는 언제나 그 전쟁에서 승리할 것입니다. 하나님이 항상 함께하시기 때문입니다.

성령 안에서 드려지는 진정한 기도는
언제나 듣는 기도와
말하는 기도가 함께 이루어집니다.

2

성령 안에서
타오르는 기도

성령 안에서 기도하는 일은
영적 전쟁의 승리자들이 경험하는 축복입니다.

신앙의 진가는 참된 기도 생활에서 나타납니다. 기도는 영적 생명의 호흡이기 때문입니다. 매튜 헨리(Matthew Henry)는 "기도하지 않고 사는 진짜 성도가 존재한다면, 숨 쉬지 않고 사는 사람도 존재할 것이다"라고 말했습니다. 포사이스는 "기도하지 않는 것이야말로 가장 끔찍한 죄요, 깜짝 놀랄 만큼 공공연한 죄이며, 기도하고 싶어 하지 않는 심리는 죄의 이면에 감춰진 또 다른 죄"라고 말했습니다. 기도 없이 사는 것은 영적 전쟁에서 적에게 항복하고 사는 것이고, 기도가 막혀 있는 것은 영적 전쟁에서 패배하고 있는 것입니다.

사탄은 온갖 수단을 동원해서 우리의 기도를 방해합니다. 우리가 기도만 하지 않는다면 무슨 일을 하든지 내버려 둘 것입니다. 반면에 기도하려고 하면 무슨 수를 써서라도 막으려고 달려들 것입니다. 우리가 하나님의 전신갑주를 입어야 하는 이유가 여기에 있습니다. 바르게 기도하기 위해서는 하나님의 전신갑주를 입어야 합니다. 하지만 전신갑주가 저절로, 기계적으로 우리를 보호해 주지는 못합니다. 전신갑주는 항상 하나님과의 교통과 사귐이 있는 가운데서만 사용할 수 있기 때문입니다.

승리자들이 경험하는 축복

사도 바울은 '항상' 기도해야 할 것에 이어서 '성령 안에서' 기도해야 할 것을 이야기합니다. 이것은 참된 기도의 진수이자 생명입니다.

> 모든 기도와 간구로 항상 성령 안에서 기도하고 이를 위해 늘 깨어서 모든 일에 인내하며 성도를 위해 간구하십시오(엡 6:18).

> 그러나 사랑하는 사람들이여, 여러분은 지극히 거룩한 믿음 위에 자기를 건축하고 성령 안에서 기도하며 영생에 이르도록 하나님의 사랑 안에서 자기를 지키고 우리 주 예수 그리스도의 긍휼을 기다리십시오(유 1:20-21).

이 말씀은 우리의 신앙생활이 어떤 모습이 되어야 하는지를 잘 설명해 주고 있습니다. '지극히 거룩한 믿음 위에 자기를 건축하는 것'과 '성령 안에서 기도하는 것'은 공존합니다. 믿음 위에 건축되는 것이란 곧 성령 안에서 기도하는 삶인 것입니다.

성령 안에서 기도하는 일은 영적 전쟁의 승리자들이 경험하는 축복입니다. 《천로역정》의 저자인 존 버니언은 평신도로서 설교하고 공동 기도서를 사용하지 않고 기도한다는 죄목으로 감옥에 갇혔습니다. 수감 기간 중에 그는 《I will pray with the Spirit》(나는 성령으로 기도하리라)이라는 책을 썼습니다. 그는 그 책에서 기도를 이렇게 정의했습니다.

"기도는 성령의 도우심과 능력으로 그리스도를 통해 하나님에게 우리의 진정하고 분별력 있으며 사랑이 담긴 마음과 영혼을 쏟아 놓는 것이다."

당시 이 문장에서 가장 논쟁이 되었던 문구는 '성령의 도우심과 능력으로'입니다. 존 버니언은 공동 기도서에만 의존하는 형식적이고 단조로운 영국국교회의 기도들이 성령님의 도우심과 능력을 제한하고 있음을 비판했습니다.

그런데 '성령 안에서 기도한다'는 것에 대한 가장 큰 오해는 감정적으로 기도한다는 뜻으로 해석하는 것입니다. 또 어떤 예식이든지 불필요하게 여기며 비형식적으로 기도한다는 뜻으로 해석하는 것입니다. 성령 안에서 기도하는 것을 직접 경험한 사람은 그것이 무엇인지 정확하게 알지만, 이를 말로 표현해서 다른 사람에게 전달하는 것은 어려운 일입니다.

성령 안에서 기도할 때 경험하는 것

자신의 존재를 깨달음

개인적인 체험이 어떤 상태이든 성령 안에서 기도할 때 반드시 경험하게 되는 것이 있습니다. 첫째는, 오직 성령님의 도우심을 통해서 자신이 얼마나 악하고 추하고 연약한 존재인지를 깨닫게 됩니다. 성령님은 우리가 죄에 대한 깊은 회개를 통해 거룩함을 입게 하십니다. 성령님의 도우심이 없다면 우리는 하나님에게 이야기하는 것은 고사하고 하나님에 대해서도 이야기할 수 없는 존재입니다.

우리는 기도하면서 많은 잡념들에 사로잡힙니다. 기도할 때조차 마음이 무디고 냉담합니다. 죽어 가는 영혼을 위해 기도하면서도 우리 마음이 얼마나 간절하지 못하고 냉담합니까. 기도할 때 하나님의 약속을 굳게 믿지 못하고 얼마나 연약한 믿음으로 기도합니까. 자신의 문제에 대해서는 지나치게 열심을 내면서도 다른 사람의 고통에 대해서는 얼마나 긍휼 없는 차가운 마음으로 기도합니까.

이렇게 타락으로 인해 절망적인 상태에 빠진 인간에게 필요한 치료제는 오직 성령님의 역사입니다. 오직 하나님의 영의 역사만이 우리의 죄가 얼마나 중한지를 깨닫게 하시고, 참된 회개를 통해 하나님에게 나아가도록 역사하십니다.

성령께서도 우리의 연약함을 도와주십니다. 우리는 마땅히 무엇을 기도해야 할지 알지 못하지만 오직 성령께서 친히 말로 할 수 없는 탄식으로 우리를 위해 간구하십니다. 마음을 살피시는 분께서 성령의 생각이 무엇인지 아십니다. 이는 성령께서 하나님의 뜻을 따라 성도를 위해 간구하시기 때문입니다(롬 8:26-27).

위의 구절은 '성령이 우리의 연약함을 도와주신다'고 말씀합니다. 우리는 연약합니다. 언제 연약함을 느낍니까? 기도할 때입니다. 기도하려고 할 때 기도하는 것이 그렇게 쉬운 일이 아니라는 것을 알게 됩니다. 기도하지 못하게 하는 무언가가 우리 안에 있음을 발견하게 되는 것입니다.

자신이 죄인이라는 것을 절감하게 되는 순간이 바로 기도할 때입니다. 하나님의 음성이 분명하게 들리지 않고 하나님이 나와 아주 멀리 계신 것처럼 느껴질 때가 바로 기도할 때입니다. 성령님이 우리 속에 오시기 전에는 기도하고자 하는 필요조차 느끼지 못하니다. 우리는 우리의 진정한 필요가 무엇인지 잘 알지 못하기 때문입니다. 성령님이 내 안에 계신 증표는 가득 찬 느낌이 아니라 비어 있는 느낌입니다. 기도하지 않으면 안 되는 절실한 필요로 비어 있는 것입니다.

우리의 이성은 기도를 믿지 않습니다. 이성을 최고로 믿는 사람들은 자신의 능력으로 다 해 보고 안 되면 하나님에게 기도하려고 합니다. 우리의 감정도 기도를 신뢰하지 않습니다. 기분이 좋을 때 감정은 기도가 그다지 필요하지 않다고 말합니다. 우리의 의지도 기도를 원하지 않습니다. 자신의 의지를 믿기 때문입니다.

우리는 무엇을 기도해야 할지 잘 모릅니다. 토머스 보스턴 (Thomas Boston)이라는 청교도는 이렇게 말했습니다.

"우리 인간은 떡 대신 돌을 구하고, 물고기 대신 전갈을 구하고, 우리 자신에게 해를 끼칠 것을 구하고, 우리에게 유익이 될 것은 대적하며 기도하기 쉽다. 첫째, 우리는 하나님의 자비를 대적하며 기도하고, 둘째, 우리는 우리에게 상처가 될 수 있는 것들을 구하며 기도하고, 셋째, 우리는 우리의 죄악된 욕망을 채울 것을 구하고, 넷째, 우리는 우리에게 진정 필요한 것은 구하지 않고, 다섯째, 우리는 무엇을 위해 기도해야 하는지 잊어버리고, 여섯째, 우리는 하나님의 뜻에 따라 기도하지 않는다."

우리는 자신의 진정한 필요가 무엇인지조차 알지 못하는 철저한 무능 가운데 기도하려고 합니다. 그러나 성령님은 우리가 마땅히 기도해야 할 것을 알려 주십니다. 성령님은 우리가 하나님의 뜻을 구할 수 있도록 도우십니다. 우리의 문제는 근시안입니다. 우리 자신의 필요만을 보면서 하나님이 우리에게 주기를 원치 않으시는 것들을 위해 기도합니다. 바울은 세 번 기도한 후에야 자신에게 질병을 허락하시는 하나님의 뜻을 깨달았습니다. 어거스틴의 어머니 모니카는 방황하는 아들 어거스틴이 북아프리카의 집을 떠나지 않도록 계속 기도했습니다. 북아프리카의 집을 떠나면 더 방황하게 될까 염려했기 때문입니다. 그러나 어거스틴은 집을 떠나 밀란에 사는 동안 회심해서 진정한 그리스도인이 되고 신실한 신학자가 되었습니다. 성령 안에 거하는 사람들조차도 때로는 자신의 근시안으로 기도하기 쉽다는 것입니다.

오직 성령께서 친히 말로 할 수 없는 탄식으로 우리를 위해 간구하십니다 (롬 8:26).

'말로 할 수 없는'이라는 것은 강조하는 표현인데, 정확한 번역은 '말없는'입니다. 탄식이 말로 표현될 수 없다는 말이 아니라, 실제로 말로 표현되지 않는다는 것입니다. 성령님은 말없이 탄식하십니다. 왜 탄식하십니까? 우리가 무엇을 기도해야 할지 모르고 기도할 욕구조차 없는 것을 볼 때 마음이 아파서 탄식하시는 것입니다. 우리는 우리 안에 계신 성령님이 말로 할 수 없는 탄식으로 간구하시는 기도의 소리를 들을 수 있습니다.

성령 안에서의 기도란 성령의 탄식하시는 기도에 이끌려 드리는 기도입니다. 시편의 많은 기도가 하나님의 말씀으로 영감 되어 우리에게 주어진 것은, 시편의 각 기자들이 이 성령님의 탄식을 듣고 그 탄식을 자신의 고백으로 드렸기 때문입니다. 내 안에서 기도하시는 성령님의 기도를 듣게 되면 그 성령님의 기도를 따라 하게 되어 있습니다. 인간은 들리는 대로 따라가게 되어 있습니다. 성령님이 하시는 탄식의 기도를 우리의 마음이 듣게 되면 우리는 따라서 기도할 수 있게 되는 것입니다.

성령 안에서 드려지는 진정한 기도는 언제나 듣는 기도와 말하는 기도가 함께 이루어집니다. 성령님이 우리의 기도를 도우신다는 것은 우리가 아무것도 하지 않고 가만히 있는데 기도가 저절로 흘러나오도록 만드신다는 것이 아닙니다. 말 그대로 성령님은 우리의 기도를 도우시는 것이고, 기도는 우리 자신이 하는 것입니다. 우리가 기도하지 않으면 성령님은 스스로만 기도하십니다. 우리가 기도하기 시작할 때 성령님이 함께 기도하시는 것입니다.

하나님과의 친밀함을 경험함

둘째는, 오직 성령님의 도우심을 통해서 우리는 기도를 받으시는 하나님과의 친밀함을 경험하게 됩니다. 삼위일체 하나님과의 친밀한 관계 속으로 들어가게 되는 것입니다. 기도의 조력자이신 성령님과 중보자이신 예수님을 통해 하나님 아버지에게 나아가게 되는 것입니다. 성령님은 우리에게 아들의 영을 부어 주셔서 하나님을 '아바 아버지'라 부르게 하십니다.

여러분이 아들들이므로 하나님께서 자기 아들의 영을 우리 마음속에 보내셔서 '아바 아버지'라고 부르게 하셨습니다(갈 4:6).

기도의 시작은 하나님을 아바 아버지라 부르는 것입니다. 당시 어떤 유대인도 하나님을 아바라 부르지 않았습니다. 예수님은 하나님을 인간의 언어 중 가장 친밀한 언어로 부르신 것입니다.

갓 태어난 아기가 제일 먼저 배우는 말은 엄마, 아빠입니다. 성령 안에서 새로 태어난 영혼은 하나님을 아바 아버지라고 부르게 됩니다. 성령님은 지혜와 계시의 영으로서 우리가 하나님을 더욱 알도록 역사하십니다. 성령이 우리와 함께 사시기 위해 우리 안으로 들어오시지 않는 한 우리 안에는 거룩한 신성이 존재할 수 없습니다.

삼위일체 연합을 통해 드려지는 기도

우리 주 예수 그리스도의 하나님 영광의 아버지께서 여러분에게 지혜와
계시의 영을 주셔서 하나님을 알게 하시기를 기도합니다(엡 1:17).

바울은 기도를 삼위일체 중심으로 표현합니다. '주 예수 그리스
도의 하나님', '영광의 아버지', '지혜와 계시의 영'(성령 하나님)이 등
장합니다. 우리가 기도할 수 있게 된 것은 성부 하나님이 성자 안에
서 성령을 통해 우리를 축복하셨기 때문입니다. 우리가 기도하는
것은 성령님을 통해 성자 예수 그리스도 안에서 성부 하나님에게
나아가는 것입니다.

우리의 기도가 깊어질수록 '무엇을 달라'는 요구가 줄어들고 '하
나님을 더 깊이 알게 해 달라'는 간구가 더 많아집니다. 성도들이 누
리는 하늘에 속한 신령한 복들이 아무리 좋은 것일지라도 하나님보
다는 복되지 못하기 때문입니다. 하나님이 주시는 복보다 하나님 그
분이 더 복된 것입니다.

우리가 주 예수 그리스도의 하나님을 알게 되는 것은 성령님의
역사하심에 달려 있습니다. 성령님은 지혜와 계시를 주셔서 우리가
예수 그리스도의 하나님을 알게 해 주십니다. 그리스도 안에서 누
릴 수 있는 모든 풍성한 체험은 하나님을 알게 될 때 얻어집니다. 하

나님이 주시는 축복은 철저하게 하나님을 바로 아는 지식 위에서 누려져야 합니다.

성령 안에서 기도할 때 우리는 이러한 하나님을 알게 됩니다. 이러한 성령님의 역사를 에베소서 1장에서 자세하게 설명하고 있습니다.

> 그가 여러분의 마음눈을 밝게 하셔서 하나님의 부르심의 소망이 무엇이며 성도 가운데 있는 하나님의 유업의 영광의 풍성함이 무엇이며 하나님의 힘의 능력의 역사하심을 따라 믿는 우리를 위해 베푸신 하나님의 지극히 크신 권능이 어떠한지 여러분으로 알게 하시기를 기도합니다 (엡 1:18-19).

위의 말씀에서 지혜와 계시의 영이 우리 가운데 임할 때 일어나는 일을 설명하면서 '마음눈을 밝게 하신다'고 표현했습니다. 마음에는 눈이 있습니다. 마음은 인생의 가장 중요한 결정들이 이루어지는 내면의 자리입니다. 그런데 이 마음의 눈이 어두워져 있습니다.

어떤 것이든지 눈에 나타나 보이기 위해서는 두 가지가 있어야 합니다. 눈이 보여야 하고, 빛이 있어야 합니다. 눈이 보이지 않는 사람은 빛이 있어도 볼 수 없고, 눈이 보여도 빛이 없으면 아무것도 볼 수 없습니다. 마음의 눈도 마찬가지입니다. 성령님이 눈을 열어

주시고 빛을 비추어 주셔야 합니다. 밝은 눈을 가질수록 더 잘 보게
되고, 빛이 밝게 비추어질수록 더 잘 볼 수 있게 됩니다. 우리가 성
령 안에서 기도할 때 우리의 생각이 사라지고 대체되는 것이 아니
라 성령님이 우리의 생각을 밝게 열어 주시는 것입니다.

순종함으로 하나님의 능력을 경험하라

누군가 예수님을 믿는 것은 가장 단순한 일처럼 보입니다. 그러나
인간의 마음이 예수님에 대한 단순한 믿음을 가지게 되는 것은 하
나님의 지극히 크신 권능의 역사입니다. 타락한 인간은 영적으로
죽어 있기 때문에 스스로는 어떤 영적인 행동도 할 수 없고, 이해할
수도 없습니다.

인간이 예수님을 믿게 되는 데 가장 큰 장해물이 있다면 자존
심입니다. 죄와 교만입니다. 아더 핑크(Arthur Pink)는 "죄인을 변
화시켜 구원하시는 것은 사람을 창조하는 것보다 더 큰 기적이며
더 큰 능력이 필요하다"고 말했습니다. 크리소스토무스(Johannes
Chrysostomus)라는 교부 시대의 설교자도 "죽은 자를 다시 살리는
것보다 죄인을 구원하는 것이 더 큰 능력"이라고 말했습니다. 창조
는 어떤 피조물을 단순히 만들어 내는 것입니다. 하지만 구원은 반
대되는 방향에 있는 자들을 돌려 세우는 것입니다. 창조에는 거부

반응이 없습니다. 하지만 구원은 언제나 거부 반응이 있습니다. 죄인 안에 있는 하나님에 대한 거부감과 적대감을 제거하고 하나님을 사랑하고 순종하는 자로 변화시키시는 것은 하나님의 크신 능력입니다.

예수님이 죽은 나사로에게 "나사로야! 나오너라!"(요 11:43) 하고 말씀하셨을 때 나사로는 즉시 순종해서 나왔습니다. 베드로가 죽은 다비다에게 "다비다여, 일어나거라"(행 9:40)라고 말했을 때 다비다도 즉시 순종해서 일어났습니다. 그런데 죄인이 믿게 되는 일에 있어서는 그렇게 즉시 순종하지 않습니다. '믿지 않는 아무개야, 믿고 나오라'고 부르시면 '내가 왜 믿고 나아가야 합니까?'라고 대꾸하는 것입니다.

우리가 성령 안에서 기도하면 인간을 구원하시는 하나님의 크신 능력이 나타나는 것을 보고 하나님이 어떤 분이신지를 알게 됩니다. 믿게 하시는 하나님의 능력은 인간을 에워싸고 있는 무서운 능력들을 꺾으십니다. 또한 사탄의 포로 된 자들을 해방시키실 뿐만 아니라 사탄이 다시 그들을 사로잡지 못하도록 능력으로 역사하십니다. 로마서 8장 28절의 말씀대로 모든 것이 합력해서 선을 이루게 하시는 하나님의 능력입니다.

성령 안에서 기도할 때 죄인을 돌이켜 하나님에게로 나아와 구원받게 하시는 이렇게 크신 하나님의 능력이 우리 안에 역사하십니다. 창조보다 더 큰 구속의 능력이 그리스도 안에서 주어지는 것입니다. 성령 안에서 기도할 때 우리는 하나님을 향해 더욱 친밀함을 느끼게 됩니다. 삼위일체 하나님과 하나 되는 연합을 경험하게 됩니다. 예수님이 아버지 하나님과 나누셨던 그 친밀함을 우리도 경험하는 것입니다. 삼위일체 하나님과 기도 가운데 친밀함을 경험할 때 우리는 더욱더 하나님의 임재에 목마른 영혼이 됩니다. 시므온(Symeon)은 말했습니다.

"삼위일체의 하나님이 성도들 안에 거하시고 그 임재가 알려지고 느껴질 때, 그것은 욕구의 성취가 아니라 더 크고 강렬한 욕구의 원인이자 시작이다."

성령 안에서 기도하라

성령 안에서 기도할 때 우리는 우리의 연약함을 깨달음과 동시에 하나님의 지극히 크신 능력을 깨닫게 됩니다. 하나님의 크고 위대하신 능력이 성령 안에서 우리에게 비칠수록 우리의 무능함과 연약함이 더 분명하게 보이기 때문입니다.

성령님은 파라클레토스, 즉 늘 곁에 있도록 부르심을 받은 분이기에 우리의 기도를 도우십니다. 우리 안에서 우리를 일깨워 주는 친구로, 우리를 경고해 주는 엄중한 교사로 그렇게 계셔 주십니다.

우리는 그 성령님 안에서만 참된 기도를 드릴 수 있습니다.

　성령 안에서 기도하는 법을 배우지 못한다면 우리는 삶의 변화를 경험하지 못한 채 기질대로 살 것입니다. 예수님을 따르려는 모든 노력도 허사가 되고 말 것입니다. 하나님은 성령 안에서 기도하는 이들에게 하나님 나라의 귀한 사역을 맡기십니다. 하나님이 원하시는 영적 군사는 항상 성령 안에서 기도하는 군사입니다. 성령 안에서 기도하는 사람만이 영적인 모든 싸움에서 참 된 승리자가 될 수 있기 때문입니다.

깨어 기도한다는 것은
이 악한 육신, 기도하기 싫어하고
하나님을 대적하는 육신을 누르고
죽이며 기도한다는 것입니다.

3

잠든 영혼을
깨우는 기도

기도에 실패하면 시험당할 때 실패합니다.
기도에 승리하면 어떤 시험이 다가와도 승리합니다.

기도는 영혼의 호흡입니다. 우리 몸이 필요로 하는 공기는 우리 주
위를 감싸고 있습니다. 우리 몸은 공기를 빨아들이고 싶어 하고, 공
기는 우리 몸속으로 들어오고 싶어 합니다. 그래서 숨 쉬는 것보다
숨을 멈추고 참는 것이 더 힘듭니다. 우리가 받아들이기만 하면 공
기는 바로 호흡기를 통해 몸 전체에 생기를 불어넣어 줍니다.

　우리 영혼이 필요로 하는 하나님의 은혜도 이미 우리를 감싸
고 있습니다. 하나님은 예수 그리스도 안에서 우리에게 필요한 모
든 은혜를 이미 주셨습니다. 우리가 영혼의 호흡으로 받아들이기

만 하면 우리 안에 하나님의 생명이 임해서 생기가 흘러넘치게 됩니다. 이처럼 우리 영혼이 살아 있다는 것은 곧 기도가 살아 있다는 것입니다. 하나님과 나와의 기도가 어느 정도로 생생하고 진실하고 친밀하고 능력 있는가가 우리 영적 생활의 생명을 결정짓는 것입니다.

기도의 결과는 기도하는 사람의 능력에 달려 있는 것이 아닙니다. 우리의 강한 의지나 행동, 뜨거운 감정이나 정교한 논리가 기도 응답을 받는 원인이 되지는 못합니다. 기도는 오직 우리 영혼에 임재하시는 예수 그리스도, 곧 그분의 십자가의 속죄, 그분의 중보 그리고 그분의 영으로 인해서 아버지 하나님이 우리의 기도를 받으시는 것입니다. 하나님은 예수 그리스도의 기도를 받으시는 것이지, 죄 가운데 있는 이들의 기도를 받으시는 것이 아닙니다. 하나님이 죄 가운데 있는 이들의 기도를 받으실 수 있는 유일한 조건은 그 영혼 안에 예수 그리스도가 임재하셔서 예수님의 이름과 예수님의 영으로 기도할 때입니다. 그래서 오 할레스비(O. Hallesby)는 "기도란 우리 마음속에 예수님을 온전히 모시는 일"이라고 정의했습니다. 이는 우리의 기도가 예수님을 움직이는 것이 아니라, 예수님이 우리를 움직이시는 것이 기도라는 뜻입니다.

사도 바울은 에베소서 3장 17절에서 믿음으로 인해 그리스도가 에베소교회 성도들의 마음 중심에 계시기를 기도했습니다. 이는 그들이 예수님을 처음 영접한다는 의미가 아닙니다. 이미 예수님을 영접한 성도들의 생각과 삶 속에서 예수 그리스도가 가장 높은 위치를 차지하신 가장 권위 있는 분이며 가장 사랑받는 분이 되신다는 것입니다. 살아 계신 그리스도가 내 삶에 영향을 끼치기 위해서는 우리의 믿음이라는 영의 눈이 그리스도를 바라보고 그리스도에게 집중해야 합니다.

기도의 날개를 펼치라

> 보라. 내가 문 앞에 서서 두드리니 누구든지 내 음성을 듣고 문을 열면 내가 들어가서 그와 함께 먹고 그는 나와 함께 먹을 것이다(계 3:20).

기도는 항상 예수님이 먼저 우리의 마음 문을 두드리시는 데서 출발합니다. 예수님은 우리 삶 속에 임하기를 원하십니다. 기도는 예수님에게 마음의 문을 열어 드려 예수님이 우리 삶의 문제 속으로 들어오시도록 모셔 들이는 것입니다. 우리가 예수님에게 마음의 문을 열어 드리려고 결단하면 성령님이 도우십니다. 가장 연약한 사람도 기도할 수 있는 이유는, 그저 예수님에게 마음 문을 열어 드리겠다는 의지만 있다면 성령님이 역사해 주시기 때문입니다. 그리스도는 성령을 통해 우리 마음에 살아 계시며, 우리의 믿음을 살아 있도록 만들어 주십니다. 기도란 날마다 그리스도가 내 안에 살아 계심을 체험하는 가장 은혜로운 하나님의 수단입니다.

기도는 우리를 향해 문을 열어 놓으신 하나님의 선물입니다. 그래서 기도에 '항상 힘쓰라'고 하시는 말씀을 받을 때 기쁨이 있어야 합니다. 하지만 때로는 기도가 무거운 의무로 느껴집니다. 기도는 큼직한 날개와 같기 때문입니다. 큼직한 날개를 가진 새는 날개 때문에 무겁습니다. 그러나 그것 때문에 날 수 있습니다.

기도는 하나님이 우리에게 어려운 요구를 하시는 것처럼 보이지만, 하나님의 은혜를 누리도록 문을 열어 주고 날개를 달아 주시는 축복입니다. 기도를 통해 매우 귀중한 축복들이 임합니다. '항상 기도하라'고 하셨기에 하나님은 항상 우리의 기도에 귀를 기울이십니다. '성령 안에서 기도하라'고 하셨기에 성령님은 우리가 하나님의 뜻을 받아 기도할 수 있도록 도우십니다.

깨어 기도함으로 다가올 시험을 대비하라

앞 장의 내용에 이어서 본문은 또한 '늘 깨어서 기도하라'고 말씀합니다.

모든 기도와 간구로 항상 성령 안에서 기도하고 이를 위해 늘 깨어서 모든 일에 인내하며 성도를 위해 간구하십시오(엡 6:18).

늘 깨어서 기도한다는 것은 어떤 의미의 기도를 말씀하는 것일까요? 예수님이 주신 말씀에서 그 의미를 깨달을 수 있습니다.

그러고 나서 제자들에게 돌아와 보시니 그들은 자고 있었습니다. 예수께서 베드로에게 말씀하셨습니다. "시몬아, 자고 있느냐? 네가 한 시간도 깨어 있지 못하겠느냐? 시험에 들지 않도록 깨어서 기도하여라. 마음은 간절한데 육신이 약하구나"(막 14:37-38).

예수님은 겟세마네 동산에서 기도하실 때 제자들에게 깨어 있으라고 말씀하시며 조금 떨어진 곳에서 기도하셨습니다. 그러면서 기도하는 동안 여러 번 제자들에게 돌아와 그들의 상태를 점검하셨습니다. 예수님이 그렇게 고통스러운 기도를 하면서도 제자들을 돌보셨다는 것이 놀랍습니다. 이는 기도에 집중하지 못하신 것이 아니라, 하나님에게 기도하는 것만큼 제자들을 돌보는 것도 중요하게 생각하셨기 때문입니다.

그런데 제자들은 자고 있었습니다. '깨어 있으라'고 분명히 말씀하셨는데 제자들은 자고 있었습니다. 피곤하면 자는 것은 창조의 질서입니다. 그런데 정말 피곤해서 자는 것이 아니라 꼭 중요한 순간에 깨어 기도하지 못하게 하는 것은 사탄의 중요한 활동일 수 있습니다. 깊은 낙망에 빠질 때 많은 사람들이 취하는 행동이 무엇입니까? 잠입니다. 영혼의 깊은 상처와 아픔, 절망 속에 있을 때 사람들은 육신의 잠으로 나아갑니다. 왜 그렇습니까? 그것은 피곤해서 자는 잠을 넘어서 우리 영혼이 잠들어 가는 것입니다. 사탄은 제자들이 기도하지 못하도록 그들의 약한 육신을 이용했습니다.

이 시점에서 제자들에게 집단적으로 찾아온 잠은 육체적인 잠을 넘어서는 영적인 의미가 있는 잠이었습니다. 어떤 교회에 설교하러 가 보면 집단적으로 자고 있는 교회가 있습니다. 피곤해서 설교 시간에 조는 사람을 정죄하는 것이 아닙니다. 때로 너무 피곤하면 잠시 눈 붙이고 자도 됩니다. 문제는 의도적으로 듣지 않으려고 청하는 잠입니다.

예수님은 잠자던 제자들 중에 특별히 베드로를 책망하셨습니다.

시몬아, 자고 있느냐? 네가 한 시간도 깨어 있지 못하겠느냐? 시험에 들지 않도록 깨어서 기도하여라. 마음은 간절한데 육신이 약하구나 (막 14:37-38).

베드로만 잔 것이 아닌데 베드로에게 말씀하신 이유는 무엇일까요? 첫째는, 그가 책임 있는 대표 제자였기 때문일 것입니다. 둘째는, 베드로가 힘주어 이런 말을 했기 때문입니다. "주와 함께 죽을지언정 결코 주를 모른다고 하지 않을 것입니다"(마 26:35). 주님과 함께 죽겠다고 힘주어 말했지만 무거운 눈꺼풀도 이기지 못하는 연약한 인간이었습니다.

예수님이 제자들을 겟세마네 기도의 자리로 함께 데려가신 이유는 무엇일까요? 그들의 도움이 필요해서가 아닙니다. 외로우셨기 때문도 아닙니다. 그들도 깨어 기도함으로 다가올 시험을 대비해야 했기 때문입니다. 얼마나 잠을 잘 참나 시험하신 것이 아니라, 그들도 시험에 들지 않도록 깨어 기도하게 하신 것입니다. 예수님은 자신을 위해 기도해 달라고 요청하지 않으셨습니다. 제자들 자신이 시험에 들지 않도록 깨어 있으라고 말씀하셨습니다.

존 버니언의 《천로역정》에 보면 천국으로 가는 크리스천이 마지막으로 십자가에서 짐을 풀고 전진해 갈 때 자신들의 발치에 차꼬를 단단히 채운 채 잠들어 있는 세 사람이 등장합니다. 순진, 나태, 거만입니다. 이는 영혼을 잠들게 하는 세 가지 적입니다. '순진'이란 '나는 괜찮아' 하며 전혀 위기를 느끼지 못하는 것입니다. '나태'란 '나는 더 자야 해' 하며 깨기를 싫어하고 더 잠을 청하는 것입니다. '거만'이란 '모든 것은 내가 알아서 할 테니 간섭하지 말라'며 하나님의 개입을 거부하는 것입니다.

"마음은 간절한데 육신이 약하구나"

제자들의 잠은 육체적인 피곤 때문에 자는 잠 이상의 것입니다. 영이 육신에게 져서 잠든 것입니다. 제자들은 잠들었기 때문에 기도하지 못한 것이지만, 정반대도 됩니다. 기도하지 않았기에 잠든 것입니다. 잠자는 영혼은 장차 닥쳐올 위기와 시험을 보지 못합니다. 어떤 경고가 주어져도 무시합니다. 듣기 원하는 것만 듣고 하나님의 뜻은 듣지 않습니다. 스스로 이미 도달했다고 자만합니다. 그리고 괜찮다며 스스로 위안합니다.

예수님이 제자들에게 육신이 약하다고 하셨을 때의 '육신'은 눈에 보이는 사람의 신체를 말하는 것이 아닙니다. 이는 몸이나 영혼에 작용하고 있는 부패한 성향, 옛 본성을 가리키는 것입니다. 육신은 몸에만 있는 것이 아니라 영혼 속에도 있습니다. 영혼 속에 하나님을 대적하는 요소, 즉 기도하기 싫어하는 죄악된 성질이 있습니다.

> 율법이 육신으로 인해 연약해져서 할 수 없던 그 일을 하나님께서는 하셨습니다 … 육신의 생각은 하나님을 적대하는 것입니다. 그것은 하나님의 법에 복종하지 않을 뿐더러 복종할 수도 없습니다 (롬 8:3, 7).

육신이 약해서 할 수 없다는 것은 약함을 동정하거나 합리화하는 말씀이 아닙니다. 여기서 '약하다'는 것은 '악하다'는 말씀입니다. 육신이 악해서 율법을 이룰 수 없고, 육신이 악해서 하나님을 대적한다는 말씀입니다. 하나님을 대적한다는 것은 하나님의 임재 앞에 나아가지 않는 것입니다. 예수 그리스도의 공로를 의지하지 않는 것입니다. 예수 그리스도의 십자가의 속죄가 나에게 필요 없는 것처럼 살아가는 것입니다. 그분을 의지하지 않고 스스로 나아가는 것입니다. 예수 그리스도의 속죄하심, 그분의 은혜, 그분의 공로, 그분의 사역을 의지하지 않는 기도는 자기 스스로 다짐하고 결심하는 정신적 활동에 불과합니다. 또 예수 그리스도의 속죄를 의지하지 않는 기도에는 성령의 기름부으심이 임할 수 없습니다. 성령님은 철저히 예수 그리스도의 십자가의 속죄하심을 통해서만 우리에게 임재하십니다. 사탄은 우리의 기도를 방해하기 위해 자신이 동원할 수 있는 모든 방법을 사용합니다. 놀랍게도 사탄은 우리 마음속에 뛰어난 협력자를 두고 있습니다. 그 협력자는 바로 우리의 옛 본성입니다. 하나님과 원수가 된 옛 사람의 성향이 남아서 기도를 방해하는 사탄의 도구가 됩니다.

깨어 기도한다는 것은 이 악한 육신, 기도하기 싫어하고 하나님을 대적하는 육신을 누르고 죽이며 기도한다는 것입니다. 깨어 있는 것은 성령 안에 있을 때만 가능합니다. 우리 안에 계신 성령님이 악한 육신을 죽이십니다. 죽은 물고기는 흐르는 물을 따라 떠내려가지만, 살아 있는 물고기는 물을 거슬러 올라가는 것입니다.

예수님이 제자들에게 '마음은 간절한데'라고 말씀하셨을 때의 '마음'은 '영'이라는 뜻입니다. 헬라어로 '프뉴마'라는 단어가 사용되었습니다. '영'은 간절히 기도를 원한다는 것입니다. 우리 안에 있는 거듭난 새 영은 성령 안에서 기도하기를 원합니다. 기도에 대한 간절한 소원이 있습니다. 우리 안에 있는 영혼은 기도하기를 간절히 원하는데 육신의 악함이 이를 막습니다. 우리는 육신의 약함을 동정해서는 안 됩니다. 이는 악함이기 때문입니다. 육신의 약함에 져서 기도하고 싶은 영의 소원을 막아서는 안 됩니다.

육신의 본성에 지지 말고 깨어 기도하라

'깨어 기도한다'는 것은 약한 육신을 동정하지 않고 성령님을 의지해서 이를 십자가에 못 박아 죽임으로 영의 소원이 살아나도록 하는 것입니다. 기도하고 싶은 소원대로 성령을 따라 행하는 것입니다. 기도하고 싶은 소원이 기도하는 행동으로 나타나도록 우리의 약한 육신 속에 있는 악함을 깨뜨리고 깨어서 기도하는 것입니다. 기도는 성령으로 몸의 행실을 죽여야 가능합니다. 성령의 능력을 힘입어 약한 육신을 제쳐 놓아야 기도할 수 있는 것입니다.

데이비드 브레이너드(David Brainerd)는 북아메리카 인디언 선교사로서 3년 동안 사역하다가 27세의 나이에 폐결핵으로 돌아가신 분입니다. 비록 짧은 기간이었지만 그는 기도의 사람으로 쓰임 받았습니다. 언젠가 말을 타고 가다가 갑자기 기도할 생각이 난 그는 바로 말에서 내려 길바닥에 꿇어앉아 기도했다고 합니다. 사람들은 대개 '말까지 타고 거의 다 도착했는데 방에 들어가 기도하든가 아니면 조용한 바위 위에서 기도할 것이지 굳이 길바닥에서 기도할 것이 있는가?'라고 편의적으로 생각하기 쉽습니다. 그러나 그의 영혼에는 기도하고자 하는 간절한 소원이 있었고, 그는 육신의 연약함에 지지 않고자 그 순간에도 깨어 기도했던 것입니다.

우리나라에는 박윤선 목사님이라고 계십니다. 기도의 사람이며 우리나라에서 성경 66권 전부를 주석한 몇 안 되는 학자이십니다. 어느 날 한 목사님이 박윤선 목사님과 함께 동물원 구경을 갔습니다. 한참을 구경하는데 갑자기 박윤선 목사님이 보이지 않았습니다. 어디 갔는지 찾다 보니 한쪽 구석에 위치한 벤치에 앉아 기도하고 있는 것이 보였습니다. 이 목사님이 왜 기도했는지를 묻자 박윤선 목사님은, 동물을 구경하는 재미가 너무 즐거운데 내가 예수님을 그렇게 기뻐했는가 생각하니 너무 부끄러워 벤치 구석에 가서 기도했다고 대답했습니다. 목사님 안에는 육신에 속한 악함, 세상에 속한 어떤 즐거움보다도 예수님과 대화하려는 기쁨을 잃어버리지 않으려는 강한 영적 소원이 있었던 것입니다.

기도에 실패하면 시험당할 때 실패합니다. 기도에 승리하면 어떤 시험이 다가와도 승리합니다. 기도에 깨어 있지 못하면 위기 때 깜짝 놀라 깨게 됩니다. 제자들은 깨어 기도하는 일에 실패했기 때문에 예수님을 배신하고, 버리고, 흩어지게 되었습니다. 그러나 예수님은 깨어 기도하심으로 십자가의 고통을 감당하셨습니다. 겟세마네 동산에서 깨어 기도하심으로 순종하고 승리하셨기에 십자가를 평안 가운데 지실 수 있었습니다. 기도 가운데 버림받는 시험의 고통을 겪고 승리하셨기에 십자가 위에서 실패하지 않고 승리하실 수 있었던 것입니다.

우리는 끊임없이 기도를 방해하는 자신의 옛 성품에 굴복해서는 안 됩니다. 우리의 육신은 우리의 옛 본성을 이용해서 자연스럽게 온갖 핑곗거리를 만들어 기도를 멀리하도록 유도합니다. 시간 있을 때 기도하겠다는 것은 우리 안에 존재하는 육신의 본성에 대해 무지한 생각입니다. 기도를 방해하는 육신의 생각들은 매우 은밀하고 교묘하게 온갖 핑곗거리를 만들어 냅니다.

우리 육신의 본성은 하나님과의 만남을 두려워합니다. 하나님과의 만남을 싫어합니다. 피하려고 합니다. 만나더라도 간단히 끝내려고 합니다. 오래전 일입니다. 하용조 목사님을 통해 옥한흠 목사님, 이동원 목사님 등 여러 바쁘신 목사님들과 연락해서 모임 날짜와 시간을 잡은 적이 있습니다. 그런데 놀라운 것은, 그 바쁘신 목사님들과의 모임이 하루 이틀 안에 만들어진 것입니다. 그때 하용조 목사님의 말씀이 아직도 기억납니다. "그 비밀을 아직 몰라? 만나고 싶은 사람한테는 항상 시간이 있는 법이야. 바쁘다는 건 다 거짓말이지. 만나기 싫으니까 바쁜 거야. 하나님에게 적용해 보면, 시간 없다는 말은 다 거짓말이야. 만나고 싶으면 항상 시간은 있는 법이지."

우리 영혼 속에 하나님과의 만남을 사모한다면, 너무 바빠서 기도하지 못한다는 것은 핑계입니다. 도리어 하나님과의 만남을 사모하고 어떠한 육신의 방해에도 깨어서 기도하는 일에 전심을 다해야 합니다. 우리는 깨어 이 모든 방해를 물리쳐야 합니다. 우리는 깨어 보혈의 능력, 성령의 능력으로 육신의 악함을 이겨야 합니다. 기도는 끝없는 영적 전투입니다. 은밀한 기도의 골방은 피 튀기는 전쟁터입니다. 영원을 위한 영혼의 운명은 홀로 조용히 있는 장소에서 결정됩니다. 원수들은 기도를 시작하지 못하게 방해할 뿐만 아니라, 육신의 본성을 따라 기도의 골방까지 유유히 들어옵니다. 우리의 육신의 본성은 하나님과의 만남을 두려워합니다. 피하려고 합니다. 간단히 끝내려고 합니다. 정신을 산만하게 만들어 하나님과 깊이 대화하지 못하게 만듭니다. 그러나 이 싸움의 전선에서 판세를 결정하는 요건은 단 한 가지입니다. 기도의 영이신 성령님을 의지해서 기도하기 원하는 우리의 영이 육신의 약함을 깨고 일어나 성령님과 조화를 이루어 묵묵히 인내하며 기도하는 것입니다.

우리는 늘 깨어 육신과 싸워 이겨야 합니다. 우리는 성령님을 의지해서 우리의 영혼을 깨워 육신의 약함을 이겨야 합니다. 기도에 대한 영혼의 깊은 소원이 육신의 본성을 이기고 나오도록 성령의 도우심을 의지해야 합니다. 기도하라는 성령님의 감동을 거스르지 않고 기도한 데이비드 브레이너드와 박윤선 목사님처럼 우리는 언제든지 무릎 꿇고 그분의 인도하심을 따라 기도해야 합니다. 늘 깨어 자신 안에 육신의 어떠한 본성이 기도를 가로막고 있는지를 분별해서 회개하며 기도해야 합니다.

때로는 기도가 무거운 의무로 느껴집니다.
기도는 큼직한 날개와 같기 때문입니다.
큼직한 날개를 가진 새는 날개 때문에 무겁습니다.
그러나 그것 때문에 날 수 있습니다.

우리는 스스로의 힘으로
도울 수 없는 누군가를
하나님에게 기도함으로써
도울 수 있습니다.

4

누군가를 향한
최선의 도움

우리는 보이는 전쟁보다 보이지 않는 전쟁이
더 중요하다는 믿음을 가져야 합니다.

하나님과 친밀한 관계를 유지하는 사람의 특징은 다른 누군가를 위해서 끊임없는 기도를 드린다는 것입니다. 우리는 스스로의 힘으로 도울 수 없는 누군가를 하나님에게 기도함으로써 도울 수 있습니다. 내가 하나님에게 기도함으로 누군가가 승리한다면 그 사람의 승리는 곧 나의 승리가 되고, 그 사람의 감격은 곧 나의 감격이 됩니다.

기도는 겉으로 드러나지 않는 가장 구체적인 섬김입니다. 기도 없이 도우려는 일들은 아무리 좋아 보여도 때로 하나님의 뜻에서 벗어나기 쉽습니다. 그러나 기도는 그 자체로 하나님의 뜻이 이루어지는 사역입니다. 기도는 사역을 위한 준비가 아니라 그 자체로 풍성한 열매를 맺는 중요한 사역입니다.

우리는 하나님과 가까워질수록 하나님과 하나님의 백성, 하나님과 세상 사이에 서서 기도하게 됩니다. 이러한 기도를 중보기도라고 부릅니다. 중보기도를 드릴 때 가장 방해가 되는 것은 바로 나 자신입니다. 하나님의 뜻을 구하지 못하는 나 자신, 다른 영혼을 품지 못하는 나 자신이 가장 큰 장해물입니다. 오스왈드 챔버스(Oswald Chambers)는 "중보기도를 제대로 하려는 마음 자세를 배우기까지는 우리 모두 바리새인들이다"라고 말했습니다. 중보기도는 눈에 보이지 않기에 사람들에게 인기가 없습니다. 영광을 얻으려는 마음에는 중보의 기도가 있을 수 없기 때문입니다. 그러나 영광을 얻으라는 사탄의 유혹을 벗어나 보이지 않게 하나님의 뜻을 이루는 통로가 되는 것을 배워야 합니다.

중보자를 찾으시는 하나님

하나님은 중보기도자를 통해 일하십니다. 역사적으로 하나님이 능력과 영광과 축복을 많이 나타내실 때는 중보기도자들이 많았던 때입니다. 사탄의 왕국에 가장 큰 피해를 입히는 일은 중보기도의 사역입니다. 그래서 하나님은 중보기도자를 찾고 계십니다.

> 이 땅을 위해 내 앞에서 성벽을 쌓고 성의 무너진 틈에 서서 나로 하여금
> 성읍을 멸망시키지 못하게 할 사람을 찾았지만 그들 가운데 한 사람도
> 찾을 수가 없었다(겔 22:30).

하나님은 성의 무너진 틈에 서서 성읍의 멸망을 막을 사람을 찾고 계십니다. 하나님은 예루살렘 성읍이 무너졌을 때 성의 무너진 틈에 서서 기도하는 사람을 찾을 수 없었다고 말씀하십니다.

구약의 모범, 모세

구약에서 중보기도의 모범을 보여 준 인물은 모세입니다. 출애굽기 17장에서 아말렉이 이스라엘 민족을 공격해 왔을 때 모세는 여호수아에게 나가서 싸우라 하고 자신은 하나님의 지팡이를 손에 들고 언덕 꼭대기에 서 있겠다고 했습니다. 그런데 언덕 위에 서 있는 모세가 손을 높이 들고 있는 동안에는 이스라엘이 이기고, 모세가 손을 내리면 아말렉이 이겼습니다. 이에 아론과 훌이 양쪽에서 모세의 손을 들어 주어 모세의 손이 계속 들려 있도록 도와주었습니다. 그로 인해 여호수아는 아말렉 족속들을 무찔러 승리할 수 있었습니다.

전쟁의 승패가 모세의 손이 들려져 있는가에 따라 결정되었습니다. 모세가 언덕 꼭대기에서 들었던 손은 기도의 손이었던 것입니다. 모세는 중보기도를 통해 전쟁에서 이길 수 있다고 믿고 기도했습니다. 보이지 않는 영적 전쟁이 보이는 물리적 전쟁의 승패를 좌우한 것입니다. 아말렉을 이긴 승리의 비결은 중보기도의 손을 높이 든 것이었습니다.

손을 드는 것은 항복의 표현입니다. 하나님의 주권 앞에 항복하는 것입니다. 손을 드는 것은 높여 드림의 표현입니다. 우리의 들려진 손이 하나님의 깃발이 될 수 있습니다.

우리의 행동을 살펴보고 점검하고 우리가 여호와께로 돌아가자. 하늘에 계신 하나님께 우리가 우리 마음과 손을 들어 올리자(애 3:40-41).

주의 지성소를 향해 손을 들어 주께 부르짖을 때 내 간구하는 소리를 들으소서(시 28:2).

모세가 기도의 손을 높이 들었을 때 그의 손은 하나님의 보좌에까지 닿는 중보의 손이 되었습니다. 모세가 기도의 손을 높이 들었을 때 그의 손은 여호수아와 그 백성에게까지 닿는 손이 되었습니다. 기도의 손은 하늘에 닿을 뿐만 아니라 먼 곳에 있는 사람에게도 닿을 수 있습니다. 우리는 보이는 전쟁보다 보이지 않는 전쟁이 더 중요하다는 믿음을 가져야 합니다. 내가 드는 기도의 손이 하나님 보좌에까지 닿을 수 있다는 것을 믿어야 합니다. 또한 우리의 기도의 손이 세계 어느 곳에 있는 사람에게든 닿을 수 있다는 것을 믿어야 합니다.

출애굽기 32장에 나타난 사건에서도 모세는 중보기도의 모범을 보여 줍니다. 이스라엘 백성이 금송아지를 우상으로 만들었을 때 하나님은 그 백성을 진멸하고 모세를 통해 새로운 민족을 시작하겠다고 말씀하셨습니다. 하나님이 반역하는 자들을 벌하시고 자신을 사용해서 하나님을 영화롭게 할 새로운 나라를 세우겠다고 하시는데 누가 반대하고 나서겠습니까. 그런데 모세는 이러한 하나님의 진노에 이렇게 반응했습니다.

그러나 모세는 그 하나님 여호와께 빌며 말했습니다. "여호와여, 주께서 왜 주의 백성들 때문에 노여워하십니까? 그들은 주께서 큰 능력과 강한 손으로 이집트에서 이끌어 내신 사람들이 아닙니까? 왜 이집트 사람들이 '그가 그들을 산에서 죽이고 지면에서 쓸어버릴 생각으로 끌고 나갔구나' 하게 하시겠습니까? 주의 무서운 진노를 돌이키시고 주의 백성들에게 재앙을 내리지 말아 주십시오. 주의 종 아브라함과 이삭과 이스라엘을 기억해 주십시오. 주께서 친히 주를 두고 그들에게 '내가 네 자손을 하늘의 별같이 많게 하고 내가 그들에게 약속한 이 모든 땅을 네 자손에게 줄 것이니 이것이 그들의 영원한 기업이 될 것이다'라고 맹세하시지 않으셨습니까?"(출 32:11-13)

모세는 대담하게 반대 의견을 피력합니다. 모세는 진노를 돌이켜 달라고 중보기도하고 있습니다. 이는 하나님에게 불순종하는 것처럼 보이나 실상은 불순종처럼 보이는 순종입니다. 그는 어떻게 하나님의 계획에 반대하며 돌이켜 달라고 기도할 수 있었을까요? 모세는 백성의 운명보다도 하나님의 영광을 바라보았기 때문입니다.

중보기도의 가장 중요한 목적은 기도를 통해 자신의 목적을 이루는 것이 아니라 하나님의 이름이 존귀하게 영광 받으시는 것입니다. 이것이 하나님이 받으시는 중보기도자의 마음입니다. 모세는 하나님의 영광을 위해 주어진 하나님의 약속에 호소했습니다. 모세는 아브라함과 이삭과 야곱에게 주신 약속에 호소했습니다. '조상들에게 주신 하나님의 약속은 어떻게 되는 것인가요? 이 민족의 멸망은 하나님의 영광을 가리게 되는 것 아닌가요?' 기도의 가장 확실한 응답은 하나님이 말씀하신 바를 붙잡고 기도할 때 주어집니다. 하나님은 모세의 중보기도를 듣고 그 진노를 거두셨습니다.

그러자 여호와께서 마음을 누그러뜨리고 그 백성들에게 재앙을 내리려 던 마음을 접으셨습니다(출 32:14).

하나님이 계획하신 대로 진멸하셨어도 하나님은 의로운 분이십니다. 그러나 하나님은 관계를 소중하게 여기며 결정하셨습니다. 하나님은 모세에게 당신의 계획을 말씀하셨고, 모세가 반대하자 계획을 변경하고 그 마음을 돌이켜 주셨습니다. 전지전능하고 온전히 의로우신 분이 그 백성의 중보기도를 들어주신다는 것이 얼마나 놀라운 일입니까!

하나님은 우리의 중보기도를 사람과 상황을 바꿀 수 있는 것으로 존중하십니다. 여기에 우리의 희망이 있습니다. 우리의 중보기도를 통해서 하나님의 진노가 거두어질 수 있다는 것입니다. 하나님이 이 시대에 찾고 계시는 사람은 바로 하나님의 진노를 누그러뜨릴 수 있는 중보기도의 사람입니다. 하나님은 자기 백성의 회개와 중보기도를 통해 진노를 돌이키고 은혜 베풀 준비를 하고 계시는 분입니다. 우리는 모두 모세의 마음으로 무너진 틈에 서서 기도해서 역사의 방향을 바꾸어 갈 수 있는 사람이 되어야 합니다.

신약의 모범, 바울

신약에서 중보기도의 모범을 보여 준 인물은 바울입니다. 바울은 중보기도자였고, 서로를 위해 기도해야 함을 강조했습니다. 바울은 자신을 위해 기도로 협력해 달라고 여러 번 요청했습니다.

형제들이여, 내가 우리 주 예수 그리스도를 힘입고 성령의 사랑을 힘입어 여러분에게 부탁합니다. 나를 위해 여러분도 나와 함께 하나님께 열심히 기도해 주십시오(롬 15:30).

여러분도 우리를 위해 기도로 협력해 주십시오. 이는 많은 사람의 기도로 우리가 받은 은사로 인해 우리 때문에 많은 사람이 하나님께 감사하게 하려는 것입니다(고후 1:11).

바울은 중보기도의 힘을 믿었습니다. 바울의 기도는 단지 자기 혼자만의 능력을 얻기 위해 기도원에 올라가는 수준의 차원에 머무르지 않았습니다. 그의 기도는 언제나 다른 사람을 위해, 다른 사람과 함께하는 중보기도였습니다. 그래서 바울의 서신서에는 언제나 바울의 중보기도가 나타납니다. 서신서에 자신이 성도들을 위해 중보기도한 내용들을 압축적으로 기록해 준 것입니다. 이 기도를 보면 바울이 성도들을 위해 얼마나 깊은 사랑으로 많은 중보기도를 드렸는지를 알 수 있습니다.

우리가 우리 하나님 앞에서 여러분으로 인해 기뻐하는 모든 기쁨에 대해 우리가 하나님께 여러분에 대해 어떤 감사를 드릴 수 있겠습니까? 우리는 여러분의 얼굴을 보고 여러분의 믿음에 부족한 것을 온전케 하기 위해 밤낮으로 간절히 기도합니다. 이제 우리 하나님 아버지와 우리 주 예수께서 친히 우리의 길을 여러분에게로 바로 인도해 주시고 우리가 여러분을 사랑한 것처럼 주께서 여러분 서로 간에 모든 사람에 대한 사랑이 넘치게 하시고 풍성하게 하셔서 우리 주 예수께서 그분의 모든 성도들과 함께 다시 오실 때 하나님 우리 아버지 앞에서 여러분의 마음을 거룩하고 흠 없이 세우시기를 빕니다(살전 3:9-13).

위의 말씀은 데살로니가교회 성도들을 위한 바울의 기도가 얼마나 간절했는지를 보여 줍니다. 그는 데살로니가교회 성도들의 믿음의 부족함을 온전하게 하기 위해서 밤낮으로 간절히 기도했습니다. 주님이 우리를 사랑하신 것처럼 서로 간에 사랑이 넘치게 하시고, 풍성하게 하시고, 하나님 앞에 거룩하고 흠 없이 세워지기를 기도했습니다.

이 기도가 왜 중요합니까? 하나님이 바울의 기도대로 이루어 주셨기 때문입니다. 데살로니가교회는 이 바울의 기도대로 믿음의 부족함이 보충되어 믿음의 모범이 되는 교회가 되었습니다. 데살로니가교회는 바울의 중보기도로 교회에 대해 가지기 쉬운 네 가지 통넘을 깨뜨린 교회가 되었습니다. 데살로니가교회가 깨뜨린 네 가지 통념은 다음과 같습니다.

첫째, 교회의 성숙은 오랜 세월을 필요로 한다? 데살로니가교회는 세워진 지 불과 몇 개월밖에 되지 않았지만, '모든 믿는 자들의 본이 되는 교회'라는 칭찬을 받았습니다. 교회의 성숙은 시간에 비례하는 것이 아니라 성령님의 역사와 비례한다는 것을 보여 주었습니다.

둘째, 교회의 성숙은 아무런 시련과 고난이 없어야 가능하다? 데살로니가교회에는 많은 환난이 있었습니다. 이방인으로서 하나님의 백성이 된 사람들은 그들의 가족, 사회적 관계로부터 심한 핍박과 고통을 받고 있었습니다. 그럼에도 불구하고 데살로니가교회는 성장해 나갔습니다.

셋째, 교회가 성숙하려면 강력한 카리스마를 가진 지도자가 있어야 한다? 데살로니가교회의 개척자 바울은 약 3개월 정도밖에 체류하지 못하고 떠나야 했습니다. 디모데가 얼마간 체류하기는 했지만 자생적으로 형성된 리더십에 의해 움직여져 가고 있었습니다.

넷째, 전도와 선교는 교회가 어느 정도 성장할 때까지 기다려야 한다? 데살로니가교회는 주님의 말씀을 받은 그날부터 말씀을 증거하기 시작했습니다. 많은 성도들이 전도하지 않는 이유는 자신의 믿음이 더 자라야 하고, 말씀을 더 배워야 한다고 생각하기 때문입니다. 그러나 대개는 그렇지 않습니다. 이미 증거할 수 있는 충분한 믿음이 있고, 충분한 말씀을 알고 있습니다.

이러한 놀라운 변화가 일어날 수 있었던 원인은 무엇입니까? 바울의 중보기도입니다. 바울이 데살로니가교회를 다시 방문하고자 했을 때 사탄이 그 길을 여러 번 막았지만 기도는 막을 수 없었습니다. 사방이 막힐지라도 기도는 막히지 않습니다.

바울은 중보기도로 목회 사역을 했습니다. 바울에게 있어 기도는 섬김을 대체하는 것이 아니라 섬김의 중심이었습니다. 바울은 신학과 기도를 훌륭하게 조화시키고 있습니다. 바울은 자신이 기도한 내용으로 가르쳤습니다. 바울의 기도 가운데 주어진 하나님의 말씀들이 바로 신약성경이 되었습니다.

바울은 자신이 개척한 교회의 성도들뿐 아니라 한 번도 만나 본 적이 없는 성도들을 위해서도 기도했습니다. 골로새교회는 바울이 방문한 적이 없는 교회입니다. 그는 그곳 성도들을 직접 만나 본 적이 없습니다. 하지만 바울은 기도 목록에 골로새 교인들을 올려놓고 소식을 듣던 날부터 계속해서 기도했습니다.

당신은, 하나님이 찾으시는 중보기도자

우리의 기도의 반경이 더 넓어져야 합니다. 나만을 위한 기도, 우리

가족만을 위한 기도에서 이 나라와 이 민족이, 세계 열방이 품어지고, 복음이 필요한 영혼들, 시련 속에 있는 많은 교회들 및 한국 교회와 세계 교회가 품어질 때 하나님은 이 땅에 우리 기도를 통해 놀라운 역사를 이루실 것입니다. 우리는 영적 전쟁에서 믿음으로 승리할 수 있도록 중보의 기도로 서로를 세우며 귀한 기도의 섬김을 다해야 합니다. 하나님은 우리의 기도를 사용하십니다. 하나님은 모세와 바울처럼 당신의 마음을 품고 기도하는 이들을 사용하십니다.

종교 개혁은 마틴 루터의 교리적인 논쟁을 통해 일어난 것이 아닙니다. 역사에서 잘 밝혀지지 않는 것은 루터가 얼마나 깊은 기도의 사람이었는가입니다. 종교 개혁의 힘은 루터의 기도에서 나왔습니다. 그는 하루에 두 시간 이상씩 하나님에게 기도했습니다. 그의 모든 교리의 정교함은 기도에서 나온 것입니다. 로마 교황청에 대항해서 담대하게 싸울 수 있는 용기도 기도에서 나온 것입니다. 그는 기도의 사람이었기에 종교 개혁의 중심적 인물로 쓰임 받은 것입니다. 그가 기도하지 않았다면 하나님은 그에게 하나님 말씀의 분명한 진리를 드러내지 않으셨을 것입니다.

하나님이 일을 맡겨 주셔야 기도한다는 것은 우리의 생각입니다. 우리가 기도로 하나님의 마음을 품을 때 하나님은 우리에게 당신의 일을 맡기실 것입니다. 진정한 전쟁은 기도의 골방에서 이루어집니다. 모세가 기도로 승리했을 때 전쟁에서 승리한 것처럼, 우리도 우리의 은밀한 기도의 골방에서, 우리의 중보기도에서 승리할 때 우리 삶 모든 곳에서 나타나는 전쟁에서도 승리할 것입니다.

진정한 영적 전쟁은 바로 기도의 전쟁입니다. 우리는 기도에 있어 승리하는, 그래서 중보기도의 영역으로 나아가는 기도의 사람이 되어야 합니다. 하나님은 오늘도 성의 무너진 틈에 서서 성읍의 멸망을 막을 중보기도자를 찾고 계십니다. 다른 사람을 떠올리지 마십시오. 하나님은 당신을 찾고 계십니다.

선교사들의 열심보다
교회의 기도가 더 앞서야 합니다.
선교사들의 헌신보다
교회의 기도가 더 깊어야 합니다.

5

선교를
일으키는 기도

기도는 선교를 일으키고 선교는 기도를 의지합니다.
기도하는 교회는 추수할 일꾼들을 낳게 됩니다.

외국의 한 선교사님에게 일어났던 일입니다. 외딴 원주민 마을에
서 홀로 사역하고 있던 선교사님의 집 주변에는 선교사님을 반대하
며 공격하려는 원주민 갱들이 있었습니다. 어느 날 이들 중 한 명이
혼자 있는 선교사님을 공격하려고 늦은 밤 홀로 선교사님의 집으로
찾아갔습니다. 그런데 이 원주민이 집 가까이 다가갔을 때 수십 명
의 군사들이 집 주변을 둘러싸 지키고 있는 것을 보고 깜짝 놀라 되
돌아오게 되었습니다. 다음 날 길에서 선교사님을 만난 이 원주민
은 선교사님에게 "내가 어제 당신 집으로 쳐들어갔는데 당신이 수

십 명의 군사들을 호위병으로 세워 놓아서 실패했소"라고 말했습니다. 그런데 선교사님은 깜짝 놀라며, "저는 어제 혼자 있었는데요? 그리고 저는 지금까지 다른 사람들을 채용해서 안전을 지키도록 한 일이 없습니다"라고 말했습니다.

원주민이 본 것은 무엇이었을까요? 후에 이 선교사님을 파송한 교회에 이 소식을 알렸을 때 그 소식을 들은 중보기도 책임자가 놀라서 물었습니다. "그날 밤 그 원주민이 선교사님 집 주변에서 보았다는 군사들의 숫자가 어떻게 됩니까?" 선교사님이 몇 명인지를 말하자 중보기도 책임자는 이렇게 말했습니다. "그날 밤 성도들이 그 숫자만큼 함께 모여 선교사님을 위해 기도했었습니다." 신비로운 일입니다. 중보기도자들이 선교사님을 기도로 지켰던 것입니다.

복음이 증거되는 일에서 바로 이러한 영적 능력이 나타납니다. 우리 삶에서 하나님의 함께하심의 능력이 체험되지 않는 이유는 단순합니다. 하나님의 역사에 참여하고 있지 않기 때문입니다. 하나님의 복음이 증거되는 일에 헌신하고 있지 않기 때문입니다. 기적을 보면 믿겠다, 능력이 나타나면 참여하겠다는 것은 인간의 어리석은 교만이요, 이기적인 태도입니다. 하나님의 복음이 증거되는 일에 헌신하고 참여하고 기도하는 사람들은 이 선교사님이 체험한 것과 같은 동일한 역사와 신비한 기적들을 체험할 수 있습니다.

선교 사역의 성공의 열쇠는 바로 후방에 있는 파송 교회들의 기도에 달려 있습니다. 선교 사역의 실패는 곧 파송 교회의 기도의 실패라고 보아야 합니다. 이는 기도 없는 사역이 선교 현장에서 위기 상황에 빠지는 이유 가운데 하나입니다. 선교의 생명과 영은 곧 기도의 생명과 영이기 때문입니다.

기도는 선교를 일으키고 선교는 기도를 의지합니다. 기도하는 교회는 추수할 일꾼들을 낳게 됩니다. 선교사들이 부족하다는 것은 교회가 기도하지 않는다는 증거입니다. 선교 사역에서 기도의 힘보다 재정의 힘을 의지하면 반드시 실패합니다. 기도 없는 재정은 선교 현장에서 영적 공격을 맞이했을 때 아무 소용없이 무기력할 뿐입니다. 그러나 재정이 부족할지라도 기도하는 선교 사역은 어떤 어려움이 있더라도 그것을 뛰어넘어 계속 전진할 수 있습니다.

복음 증거를 위한 중보기도

또 나를 위해 기도하기를 내게 말씀을 주셔서 입을 열어 복음의 비밀을 담대하게 알릴 수 있게 해 달라고 기도해 주십시오. 내가 이것을 위해 사슬에 매인 사신이 됐습니다. 그러므로 내가 복음 안에서 마땅히 해야 할 말을 담대하게 말할 수 있도록 기도해 주십시오(엡 6:19-20).

영적 전쟁의 승리를 위해 주어진 본문 말씀은 바울의 기도 요청으로 끝납니다. 복음을 증거하다가 사슬에 매인 자가 된 자신을 위한 기도 요청입니다. 그런데 기도 요청의 내용 중에서 자신이 매인 사슬에서 풀려나기를 기도해 달라는 부탁은 찾아볼 수 없습니다. 도리어 그의 요청은 자신이 사슬에 매인 상황에서도 복음의 비밀을 '담대하게' 말할 수 있도록 기도해 달라는 복음 증거를 위한 것이었습니다.

바울은 '담대하게'라는 단어를 19절과 20절에 걸쳐 두 번이나 반복했습니다. 자신에게 지금 필요한 것은 마땅히 해야 할 말을 전할 수 있는 '담대함'이라는 것입니다. 바울이 구하는 담대함은 자신의 안위를 위해 하나님을 동원하는 담대함이 아니라, 자신의 형편이 어떠하든지 복음 증거를 통해 일하시는 하나님의 역사에 동참하는 담대함입니다. 바울은 예수 그리스도의 복음이 전해지는 선교 사역의 열매는 바로 기도에 달려 있다는 것을 믿었습니다.

영적 전쟁의 승패는 어디서 판가름 납니까? 복음을 증거하는 일에 내가 얼마나 참여하고 있느냐, 복음 증거의 사역에 내가 얼마나 실제로 참여하느냐, 또는 기도로 참여하느냐로 판가름 납니다. 바로 복음 증거의 참여도에 따라 나의 영적 승리의 승패가 결정되는 것입니다.

예수님이 십자가를 지시기 전 대제사장으로서 드리신 기도에도 복음 증거를 위한 중보기도가 포함되어 있습니다.

내 기도는 이 사람들만을 위한 것이 아닙니다. 이 사람들이 전하는 말을 듣고 나를 믿는 사람들을 위해서도 기도합니다(요 17:20).

예수님의 이 기도가 있었기에 우리가 예수님을 믿게 된 것입니다. 또한 예수님은 우리만을 위해 기도하신 것이 아니라, 우리를 통해 전해지는 말을 듣고 예수님을 믿을 사람들을 위해서도 기도하신 것입니다. 우리의 기도 제목에도 예수님의 기도처럼 장차 예수님을 믿게 될 사람들과 믿어야 할 사람들에 대한 기도가 포함되어야 합니다.

선교를 위해 이루어진 하나님의 선택

하나님의 목적은 온 세상을 구원해서 축복하시는 것입니다. 하나님은 이 목적을 이루기 위해 선택이라는 과정을 사용하십니다. 소수의 사람들을 그 목적을 전달하는 자들로 먼저 선택하시는 것입니다. 하나님은 선택받은 사람들이 또 다른 사람들을 사랑해서 그들을 한 공동체로 만드는 방법을 통해 구원하는 방법을 택하셨습니다.

하나님이 일부의 사람들을 먼저 선택하셨을 때 두 가지 잘못된 반응이 나타났습니다. 첫째는, 먼저 선택받지 못한 사람들이 '내가 왜 저 다른 문화 속에 있는 사람들이 믿는 신을 믿어야 하는가?', '기독교는 유대인들의 종교인데 왜 내가 그 종교를 믿어야 하는가?'라고 반발한 것입니다. 이는 먼저 선택받지 못한 자의 오해입니다. 둘째는, 먼저 선택받은 사람들에게서 나타나는 반응으로, '나만이 선택받은 사람인데?' 하는 교만에 빠진 것입니다. 먼저 선택받지 못한 자들의 오해와 먼저 선택받은 자들의 교만은 이러한 선택을 통한 하나님의 목적에 방해가 되는 것입니다. 이러한 오해와 교만은 하나님의 선택이 선교를 위해 이루어졌음을 깨달을 때 버릴 수 있게 됩니다.

사도행전의 역사는 교회가 선택받은 목적이 선교라는 것을 보여 준 역사입니다. 교회를 부르신 성령님이 먼저 선택하신 이들을 사용하신 역사입니다. 교회가 성령이 행하시는 선교에 참여할 때는 교회에도 변화가 일어났지만, 참여하지 않을 때는 도리어 버림받았습니다. 레슬리 뉴비긴(Lesslie Newbigin)이라는 훌륭한 선교사가 다음과 같은 통찰력 있는 말을 남겼습니다.

"선교는 교회가 주변 세상을 정복하려고 자신의 힘과 지혜를 발휘하는 활동이 아니다. 오히려 하나님이 세상의 구원을 위한 그리스도의 사역을 완성시키기 위해서 그분의 영의 능력을 발휘하시는 활동이다."

선교는 교회의 프로그램이 아니라 성령님이 앞서 행하시는 사역입니다. 성령님은 교회보다 앞서 가며 일하십니다. 교회의 증언은 뒤따라가는 부차적인 일입니다. 교회는 성령님이 인도하시는 대로 따라가는 한에서 증인이 될 수 있습니다. 교회는 이를 위해 기도해야 합니다. 교회가 선교에 참여하는 가장 중요한 방법은 기도입니다. 성령님이 어떻게 선교하시는가를 깨닫기 위해서 기도해야 하고, 어떻게 우리를 통해 일하시는지를 알기 위해 기도해야 하며, 선교 현장에 일꾼을 보내 주시고 그곳에 필요한 내용들을 공급해 주시기를 위해서 기도해야 하는 것입니다.

주의 나라가 임하게 하소서

지금은 선교를 위한 중보기도에 교회가 다시 힘을 쏟아야 할 때입니다. 교회의 여러 중보기도 모임에 더욱더 열심히 참여해야 할 때입니다. 교회가 복음 증거를 위해 세상 끝 날까지 품어야 하는 기도 제목은 바로 예수님이 기도하신 기도의 제목들입니다. 요한복음 17장 후반부에 복음 증거를 위해 기도하신 예수님의 기도 제목들이 연이어 나옵니다.

아버지여, 아버지께서 내 안에 계시고 내가 아버지 안에 있는 것같이 그들도 모두 하나가 되게 하시고 그들도 우리 안에 있게 해 아버지께서 나를 보내셨다는 것을 세상이 믿게 하소서(요 17:21).

내가 그들 안에 있고 아버지께서 내 안에 계신 것은 그들이 완전히 하나
가 되게 하려는 것입니다. 그것은 또, 아버지께서 나를 보내신 것과 아버
지께서 나를 사랑하신 것처럼 그들도 사랑하셨다는 것을 세상이 알게 하
려는 것입니다(요 17:23).

아버지여, 아버지께서 내게 주신 사람들이 내가 있는 곳에 나와 함께 있
어 내 영광, 곧 아버지께서 세상이 창조되기 전부터 나를 사랑하셔서 내
게 주신 영광을 그들도 보게 하소서(요 17:24).

교회다운 교회는 바로 선택받은 목적대로 이러한 선교의 기도
제목을 포기하지 않는 교회입니다. 예수님이 가르쳐 주신 주기도문
가운데도 복음 증거를 위한 기도의 명령이 나옵니다.

그러므로 이렇게 기도하라. '하늘에 계신 우리 아버지, 주의 이름을 거룩
하게 하시며 주의 나라가 임하게 하시고 주의 뜻이 하늘에서와 같이 땅
에서도 이루어지게 하소서'(마 6:9-10).

'주의 나라가 임하게 하소서'라는 기도는 회개의 기도입니다. '이
세상은 하나님 나라를 거부하고 있습니다'라는 회개의 고백입니다.
하나님 나라가 임하지 않고는 이 세상 나라에 소망이 없다는 고백

입니다.

'주의 나라가 임하게 하소서'라는 기도는 응답의 기도입니다. '세상 속으로 들어오신 하나님 나라가 나에게 임하소서!'라는 기도인 것입니다. 예수님은 사람들을 하나님 나라로 부르기 위해 오셨습니다. 그 나라는 바로 여기에 가까이 왔습니다. 문밖에 서서 문을 두드리고 있습니다. 이는 그 긴박한 부르심에 문을 열고 '내 안에 들어오셔서 나를 다스리소서'라고 기도하는 것입니다.

'주의 나라가 임하게 하소서'라는 기도는 복음 증거를 위한 기도입니다. 아직도 하나님 나라의 부르심에 응답하지 않는 많은 사람들이 부르심에 결단하기를 기도하는 선교의 기도입니다. 복음 증거는 철저히 기도 사역으로 뒷받침되어야 합니다.

선교 사역의 위험은 열심이 부족한 것이 아니라, 열심이 기도보다 훨씬 앞서 나가는 것입니다. 선교 사역의 위험은 전방에 선교사들을 파송하고 후방은 기도 없이 재정만 보내는 것입니다. 이는 본질을 잃어버린 껍데기로 전락해 버리고 능력은 없이 모양만 가지는 위험입니다. 선교사들의 열심보다 교회의 기도가 더 앞서야 합니다. 선교사들의 헌신보다 교회의 기도가 더 깊어야 합니다. 그런 교회에서 추수할 일꾼들이 나타나고, 그 일꾼들을 통해 추수의 열매가 맺힙니다.

이사야 선지자는 앞으로 이루어질 일들을 미리 내다보면서 하나님 나라가 든든히 세워질 때까지 기도를 계속하면서 하나님을 쉬시지 못하게 하겠다는 표현을 사용했습니다.

> 예루살렘아, 내가 네 성벽에 파수꾼을 세워 두었다. 그들은 밤이나 낮이나 잠잠해서는 안 된다. 여호와를 일깨워 드려야 할 너희는 가만히 있지 말고 그분이 예루살렘을 세우시고 세상의 자랑거리가 되게 하실 때까지 여호와께서 쉬시지 못하도록 해야 한다(사 62:6-7).

'여호와께서 쉬시지 못하도록 해야 한다'는 것은 비유적인 표현입니다. 이는 기도가 하나님을 괴롭힌다는 의미도 아니고, 하나님이 쉬셔야 하는 분이라는 뜻도 아닙니다. 지속적으로 기도해야 한다는 의미입니다.

교회는 성벽의 파수꾼으로서 밤이나 낮이나 여호와를 일깨워 드려야 할 사명이 있습니다. 여호와가 쉬시지 못하도록 계속해서 기도해야 합니다. 주의 나라가 세상에 온전히 임하도록 복음 증거를 위해서 기도해야 합니다. 복음을 증거하는 사역자들이 무너지지 않고 새 힘을 얻을 수 있도록 중보기도해야 합니다. 복음 증거 사역이 계속 열매 맺음으로 사탄의 왕국이 무너지고 이 땅에 하나님 나라가 온전히 임하기를 기도해야 합니다.